Grundschulwissen

Tiere

Duden

Grundschulwissen
Tiere

Dudenverlag
Mannheim · Zürich

Bibliografische Information der Deutschen Nationalbibliothek
Die Deutsche Nationalbibliothek verzeichnet diese Publikation in der
Deutschen Nationalbibliografie; detaillierte bibliografische Daten
sind im Internet über http://dnb.d-nb.de abrufbar.

Das Wort **Duden** ist für den Verlag Bibliographisches Institut GmbH
als Marke geschützt.

© Duden 2012   D C B A
Bibliographisches Institut GmbH
Dudenstraße 6, 68167 Mannheim

Redaktionelle Leitung Annette Güthner
Texte Angelika Sust
Textredaktion Dr. Christine Schlitt
Bildredaktion Angelika Sust
Pädagogische und fachliche Beratung Pamela Tröster

Herstellung Claudia Rönsch
Layout Horst Bachmann
Illustrationen „Charakter" Barbara Scholz
Illustrationen „Tiere" Niklas Böwer und Oliver Kockmann
Umschlaggestaltung Mischa Acker
Umschlagfotos Bibliographisches Institut: Streifenhörnchen;
CORBIS/Royalty free: Sattelrobbe; Fotolia: Kea, Gecko, Pinguin;
MEV Verlag: Kaninchen; Zoonar/Brehm, Dr. Hermann: Fledermaus
Satz Sigrid Hecker, Mannheim
Druck und Bindung Offizin Andersen Nexö Leipzig GmbH
Spenglerallee 26–30, 04442 Zwenkau

Printed in Germany
ISBN 978-3-411-80918-9

Hallo, Tierexpertin!
Hallo, Tierexperte!

Kennst du dich aus im Reich der Tiere? Weltweit gibt es mehrere Millionen Tierarten, die unterschiedlicher nicht sein könnten: vom Regenwurm, der blind in der Erde wühlt, über das Krokodil, das gut getarnt auf Beute lauert, bis hin zum 30 Meter langen Blauwal, der tonnenweise kleine Krebse aus dem Wasser filtert. Alle Tiere stehen vor denselben Aufgaben: Sie müssen fressen, Paarungspartner und Nistplätze finden, ihre Jungen großziehen und Fressfeinden entkommen! Dabei nehmen sie oft riesige Strapazen auf sich. Die Grundel zum Beispiel ist ein kleiner Fisch, der in den Flüssen auf der Insel Hawaii lebt: Seine Brustflossen haben sich im Laufe der Zeit zu einer Art Saugnapf umgewandelt. Damit klettert er einen 120 Meter hohen Wasserfall hinauf – nur um ungestört laichen zu können! Das macht ihm so schnell niemand nach.

„Grundschulwissen Tiere" steckt voller spannender Informationen. Du erfährst alles über die Tiere in ihrem jeweiligen Lebensraum: Wie und wo lebt ein Tier, vor welchen Räubern muss es sich verstecken, was frisst es und von wem wird es gefressen? Auch die beliebtesten Haustiere kommen nicht zu kurz. In den grünen Haustiere-Kästen erfährst du, wer ihre wilden Vorfahren waren und welche Bedeutung die gezähmten Tiere früher und heute für die Menschen hatten und haben. Wusstest du, dass Meerschweinchen in Südamerika wegen ihres Fleisches gezüchtet werden oder dass die Honigbiene eines unserer wichtigsten Haustiere ist?

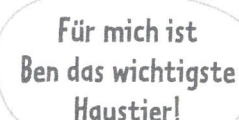

Für mich ist Ben das wichtigste Haustier!

Dieses Tierbuch ist ein Buch zum Mitmachen und Aktiv-Werden. Erfahre außergewöhnliche Einzelheiten über die Tiere in den organgefarbenen Schon gewusst?-Kästen. Werde mithilfe der blauen Deine Forscheraufgabe-Kästen zum Tierforscher, indem du Experimente durchführst oder selbst Spannendes über Tiere herausfindest. Teste dein Wissen mit den 70 Quizfragen am Ende. Wer knackt die meisten Rätsel?

Viel Spaß mit den Tieren!

Die Kinder- und Jugendbuchredaktion des Dudenverlags

Inhalt

Wald

In unseren gemäßigten Klimazonen wachsen Laubwälder, Nadelwälder oder Mischwälder, die aus Laub- und Nadelbäumen bestehen. Sie sind aus mehreren Stockwerken aufgebaut – wie ein hohes Haus! Das unterste Stockwerk bildet die Bodenschicht aus Laub, Pilzen, Moos und Flechten. Hier wohnen Kleinstlebewesen wie Bakterien sowie Insekten und Schnecken. Regenwürmer, Mäuse und Maulwürfe graben lange Gänge. Als weitere Stockwerke folgen die Kraut- und Strauchschicht, dann die Baumschicht. In jedem Stockwerk kannst du andere Tiere entdecken! Vögel bevölkern die oberste Kronschicht und machen dort Jagd auf Raupen, die sich an den Blättern satt fressen.

Boden und Laub

Ohrwurm

Er ist weder ein Wurm, noch kriecht er ins Ohr! Der Ohrwurm ist ein Insekt, das sich tagsüber meist unter Steinen oder in Holzritzen versteckt hält. In der Dämmerung kommt er hervor und geht auf Nahrungssuche. Manchmal werden die kleinen Bodenbewohner auch „Ohrenkneifer" genannt. Denn sie haben an ihrem Hinterleib eine Art Kneifzange, die sie beim Jagen oder zur Verteidigung einsetzen.

Nach der Paarung legt das Weibchen rund 50 Eier in eine Erdhöhle. Es betreibt Brutpflege, indem es die Eier beschützt und säubert und sich um Futter für die geschlüpften Larven kümmert. Ein ungewöhnliches Verhalten im Reich der Insekten!

Weinbergschnecke

Wie Muscheln, Tintenfische und andere Schneckenarten gehört die Weinbergschnecke zu den Weichtieren. Sie hat einen weichen, schleimigen Körper ohne Innenskelett, den sie vor Kälte, Austrocknung und Feinden schützt, indem sie sich in das spiralförmige Gehäuse auf ihrem Rücken zurückzieht. Den Winter übersteht sie in einer Kältestarre: Sie gräbt sich in die Erde ein, kriecht in ihre Schale und verschließt die Öffnung mit einem Deckel. Die Schnecken produzieren Schleim und gleiten darauf mit ihrem großen Kriechfuß vorwärts. Ganz langsam! Sie suchen Pflanzen auf, die sie mit ihrer Zunge wie mit einer Feile abraspeln. Die Augen sitzen auf den beiden langen Stielen am Kopf, die kurzen Fühler ertasten den Untergrund.

Der rund 2,5 cm lange **Ohrwurm** frisst vor allem Pflanzen, aber auch kleinere Insekten.

Wie Regenwürmer sind Schnecken Zwitter: Sie besitzen weibliche und männliche Geschlechtsorgane! Selbst befruchten können sie sich aber nicht!

Viele **Weberknechtarten** werfen im Notfall ein Bein ab, um den Angreifer zu verwirren und schnell flüchten zu können.

Regenwurm

Einen besseren Mitarbeiter kann sich ein Gärtner nicht wünschen: Regenwürmer lockern den Boden auf, graben um und düngen mit ihrem Kot. So kann Regenwasser gut versickern und die Pflanzen werden mit Nährstoffen versorgt. Die fleißigen Helfer haben weder Augen noch Ohren oder eine Nase – nur einen kleinen Mund, mit dem sie nachts welke Blätter in ihre Gänge ziehen. Sie warten, bis die Blätter von Bakterien und Pilzen im Boden zersetzt sind, und fressen die Reste.

Wird ein Regenwurm durchtrennt, lebt nur der vordere Teil weiter. Das verlorene Hinterteil wird nachgebildet. Oft aber stirbt der Wurm, weil sich die Wunde entzündet.

Der **Regenwurm** zieht Blätter in seine Wohnhöhle. Borsten an seinem Körper helfen ihm bei der Fortbewegung.

Weberknecht

Mit den acht Beinen gehören die Weberknechte zu den Spinnentieren. Doch im Gegensatz zu echten Spinnen spinnen sie keine Netze und haben keine Giftdrüsen. Allerdings besitzen sie Stinkdrüsen und können auf Fressfeinde eine übel riechende Flüssigkeit abfeuern. Da ihre langen Beine aus vielen Gliedern bestehen, nennt man sie auch Gliederfüßer. Um sich festzuhalten, können sie die letzten Glieder wie ein Lasso um Grashalme schlingen.

🔍 Deine Forscheraufgabe

Wie bewegt sich ein Regenwurm? Fülle einen länglichen Luftballon mit Wasser und drücke ihn an einem Ende vorsichtig zusammen: Das andere Ende wird dick. Der Körper des Regenwurms ist auch mit einer Flüssigkeit gefüllt, die abwechselnd von Ring- und Längsmuskeln zusammengedrückt wird: Der Regenwurm wird in jedem Glied seines Körpers mal kurz und dick und dann wieder lang und dünn. So kriecht er vorwärts.

Waldrand und Gebüsch

Reh

In der Dämmerung kannst du oft Rehe am Waldrand, auf Lichtungen oder Feldern beobachten. Dann kommen die scheuen Säugetiere aus ihren Verstecken, um Gräser, Kräuter und Knospen zu fressen. Vor allem im Winter leben sie in größeren Gruppen, sogenannten Sprüngen, zusammen. In der kalten Jahreszeit ist ihr Fell graubraun, im Sommer eher rötlich braun. Zur Paarungszeit fiepen die weiblichen Rehe (Ricken). Die Rufe der männlichen Rehe, der Rehböcke, hören sich wie Hundegebell an.
Wie der Rothirsch, das Rentier und der Elch gehört das Reh zur Familie der Hirsche. Rothirsche leben auch in unseren Wäldern, sind jedoch größer als Rehe, und die Männchen tragen ein mächtiges Geweih. Rehböcke haben ein kleines Geweih mit höchstens sechs Enden.

Der **Kuckuck** wirft alle Eier aus dem Nest (links). Er wird von seinen Wirtseltern gefüttert (Mitte). Ein ausgewachsener Kuckuck (rechts).

Kuckuck

Dieser Vogel bekommt seine eigenen Eltern nie zu Gesicht! Der Kuckuck ist ein sogenannter Brutparasit: Die Eltern überlassen das Ausbrüten ihrer Eier und die Aufzucht der Jungen anderen Vögeln. Meist legt das Kuckucksweibchen rund zehn Eier in verschiedene Nester derselben Vogelart. Das Kuckucksei hat dieselbe Farbe wie die fremden Eier im Gelege, ist nur etwas größer. Sobald der Kuckuck geschlüpft ist, wirft er alle anderen Eier oder Jungvögel aus dem Nest. Nun wird er ganz alleine von seinen Wirtseltern gefüttert. Ist er groß genug und steht der Winter bevor, fliegt er nach Afrika. Dieses Verhalten ist ihm angeboren, denn er zieht selbst dann los, wenn seine Wirtseltern keine Zugvögel sind.

Junge **Rehe** (Kitze) tragen zur Tarnung weiße Flecken auf ihrem Rücken. So werden sie von Raubtieren nicht so leicht entdeckt.

Was bedeutet wohl das Sprichwort „jemandem ein Kuckucksei ins Nest legen"?

Zecke

Monatelang lauert die Zecke im hohen Gras oder in einem Strauch, bis ein Tier oder ein Mensch vorbeikommt. Schon von Weitem erkennt sie sie am Geruch von Atem und Schweiß, die sie mit einem Sinnesorgan am Ende ihres ersten Beinpaares wahrnimmt. Das Spinnentier krabbelt auf sein Opfer und sticht mit winzigen Mundwerkzeugen in die Haut. Damit der Stich unbemerkt bleibt, spritzt die Zecke eine Art Betäubungsmittel. Bis zu zehn Tage saugt sie sich mit Blut voll, bevor sie sich abfallen lässt. Von der Blutmahlzeit kann sie viele Monate leben.

Mit Blut vollgesaugte Zecken messen über 2 cm! Sonst sind sie nur 1 mm groß.

Schon gewusst?

Meistens befallen die unbeliebten Zecken Wildtiere. Sind diese Tiere krank, nehmen die Zecken über das Blut die Krankheitserreger auf und übertragen sie bei der nächsten Mahlzeit auf ihr neues Opfer. Deswegen können Menschen nach Zeckenstichen an Borreliose oder FSME (Frühsommer-Meningoenzephalitis) erkranken.

Hirschkäfer

Ein Käfer mit Hirschgeweih? Tatsächlich sehen die verlängerten Oberkiefer des männlichen Hirschkäfers aus wie ein Geweih. Das Weibchen trägt kleinere Zangen. Sie ritzt damit verletzte Stellen an Eichen ein, um den austretenden Pflanzensaft aufzusaugen. Im Sommer treffen sich viele Käfer an solchen Futterplätzen. Dann kommt es zu regelrechten Ringkämpfen: Mit ihren Geweihen versuchen die Rivalen, sich gegenseitig zu packen und vom Baum zu werfen. Der Sieger darf sich mit einem Weibchen paaren. Aus den befruchteten Eiern schlüpfen die Larven, die sich erst nach fünf Jahren verpuppen. Bis das Insekt fertig entwickelt ist, dauert es noch mal einige Monate. Da die Larven auf morsche Eichen angewiesen sind und solche Bäume kaum noch existieren, sind Hirschkäfer sehr selten geworden.

Hirschkäfer sind die größten Käfer Europas. Sie werden bis zu 8 cm lang.

Baumeister des Waldes

Rote Waldameise

Fast überall auf der Welt kommen Ameisen vor. Die Kuppelnester der Roten Waldameise können 1,5 Meter hoch werden. Dort leben bis zu eine Million Tiere! Sie bilden einen Staat, daher werden Ameisen soziale Insekten genannt. Ein Ameisenvolk hat eine fruchtbare Königin, die Eier legt, und unzählige Arbeiterinnen, die sich um Nahrung und Nachwuchs kümmern, das Nest säubern, ausbessern oder gegen Eindringlinge verteidigen. Aus einigen Eiern wachsen neue Königinnen und Männchen heran, die zum Hochzeitsflug ausschwärmen. Die Männchen sterben nach der Paarung, die Weibchen gründen neue Staaten. Jedes einzelne Tier im Ameisenstaat erfüllt eine bestimmte Aufgabe. Untereinander verständigen sich die kleinen Sechsbeiner über Duftstoffe oder indem sie sich mit ihren Antennen berühren. Ameisen fressen Insekten und Spinnen oder sie „melken" Blattläuse, deren süße Ausscheidungen sie aufsaugen.

Das Nest der **Roten Waldameise:** Die Gänge und Kammern reichen oft noch 2 m tief ins Erdinnere hinein.

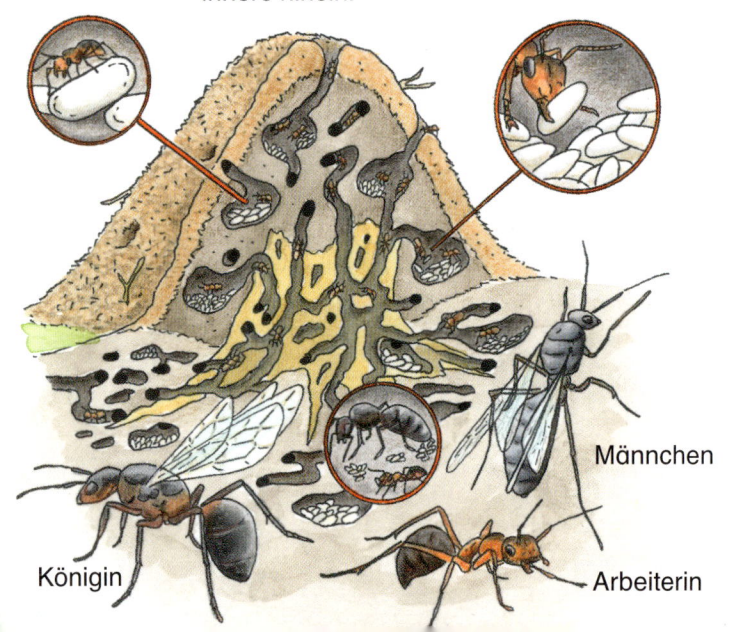

Königin

Männchen

Arbeiterin

Eichhörnchen

Charakteristisch für das Eichhörnchen ist sein langer, buschiger Schwanz. Er kann Schatten oder auch Wärme spenden und wird eingesetzt, um mit Artgenossen zu kommunizieren. Wenn das flinke Säugetier von Baum zu Baum springt, sorgt er für das Gleichgewicht. Mit den spitzen Krallen findet es perfekten Halt und kann auch kopfüber gut klettern. Nachts ziehen sich die Baumhörnchen in ein etwa fußballgroßes Nest aus Zweigen, Gräsern und Moos zurück. Sie bewohnen meistens mehrere Nester gleichzeitig, die auch Kobel heißen. Für den Winter vergraben sie Nüsse und Samen oder verstecken sie in Baumrinden. So können sich die Nagetiere zur Winterruhe zurückziehen und haben immer etwas zu fressen, wenn sie ab und zu erwachen. Bei uns lebt das rotbraune Europäische Eichhörnchen.

Neben Nüssen, Samen, Wurzeln und Beeren fressen **Eichhörnchen** auch Insekten, junge Vögel und Vogeleier.

Die harten Schwanzfedern dienen dem Buntspecht am Baumstamm als Stütze.

Specht

Im Frühjahr kannst du oft ein lautes Klopfen im Wald hören. Bis zu zehnmal pro Sekunde hämmern die Spechte mit ihren harten Schnäbeln auf Äste und morsches Holz. Mit den spitzen, gebogenen Krallen halten sie sich am Baumstamm fest. Sie suchen nicht nur nach Insekten, die sich hinter der Rinde verbergen. Die Vögel grenzen mit den Klopfgeräuschen auch ihr Revier ab und versuchen, Weibchen anzulocken. Oder sie bauen eine Nisthöhle für den Nachwuchs.

Übrigens bekommen Spechte keine Kopfschmerzen! Eine Art Federung zwischen Schnabel und Schädel schützt das Gehirn vor den heftigen Stößen. Bei uns kommt der Buntspecht am häufigsten vor.

Borkenkäfer

Manchmal haben gefällte Baumstämme merkwürdige Muster. Das sind die Fraßspuren des Borkenkäfers. Die Weibchen vieler Arten bohren Gänge in die Baumrinde und legen in regelmäßigen Abständen ihre Eier ab. Sobald die Larven schlüpfen, fressen sie neue Gänge in die Rinde. Wenn sich die nur wenige Millimeter großen Insekten massenhaft vermehren, können sie große Schäden im Wald anrichten.

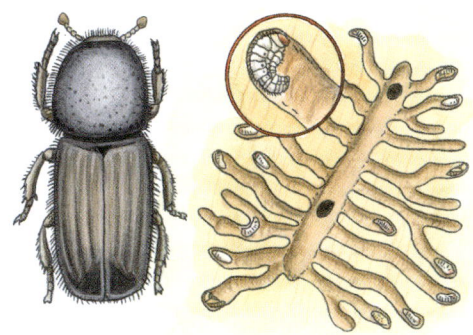

Jede Borkenkäferart hinterlässt ihre eigene Fraßspur. Das Bild zeigt den Fichtenborkenkäfer, auch Buchdrucker genannt.

 **Deine Forscheraufgabe**

Bei einem Waldspaziergang kannst du auf Spurensuche gehen! Die Fraßspuren des Borkenkäfers entdeckst du vielleicht bereits unter einem losen Stück Baumrinde. Bei Schnee oder weichem Boden gibt es jede Menge Fährten, also Fußspuren der Tiere. Erkennst du zum Beispiel die Spur von einem Eichhörnchen, einem Reh oder einem Fuchs? Nein? Dann such mal unter www.blinde-kuh.de!

Jäger in der Nacht

Waschbär

Ein typischer Neubürger in unseren Wäldern ist der Waschbär. Das Säugetier mit der „dunklen Augenmaske" stammt ursprünglich aus Nordamerika und wurde in Europa ausgesetzt oder ist aus Tiergehegen entlaufen. Man nennt eine solche eingeführte Tierart Neozoon. Oft bringen diese Tierarten Probleme, da sie den einheimischen Tieren Konkurrenz machen und das natürliche Gleichgewicht durcheinanderbringen.

Die Allesfresser schlafen tagsüber in einem Versteck und werden nachts aktiv: Mit ihren langen, empfindsamen Vorderpfoten fangen sie Krebse, Krabben oder Frösche aus Gewässern, suchen Nüsse und Obst, plündern Vogelnester und sogar Mülltonnen.

Waschbären leben oft in Gewässernähe. Hier finden sie genug zu fressen und viele Verstecke.

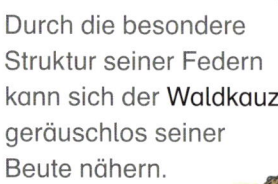

Durch die besondere Struktur seiner Federn kann sich der Waldkauz geräuschlos seiner Beute nähern.

Waldkauz

Lautlos fliegt er durch die Nacht, um Mäuse oder Vögel zu jagen. Er packt sie mit seinen scharfen langen Krallen und tötet sie durch einen Biss mit dem kräftigen Hakenschnabel. Der Waldkauz hat große Augen und ein hervorragendes Gehör. Die samtweichen Schwungfedern weisen am Rand viele kleine Zähnchen auf, ähnlich wie ein Kamm. Dadurch wird die Luft beim Fliegen so verwirbelt, dass keine Fluggeräusche hörbar sind. Ideal für die lautlose nächtliche Jagd!

Wie alle Eulen verschlingt auch der Waldkauz seine Beute am Stück und würgt die unverdaulichen Reste wieder hoch: Knochen, Fell und Federn. Unter seinem Nistplatz liegen oft diese länglichen Ballen, das sogenannte Gewölle. Übrigens können Eulen ihre Augen nicht bewegen, dafür aber ihren Kopf um 270 Grad drehen – fast einmal im Kreis. Die größte Eulenart ist der rund 70 Zentimeter lange Uhu. Sein Ruf klingt wie sein Name: u-huu!

Typisch Raubkatze: **Wildkatzen** haben nach vorne gerichtete Augen und spitze Eckzähne.

Waldohreule

Auf dem Kopf trägt die Waldohreule auffällig lange „Ohrbüschel". Allerdings kann sie damit nicht hören. Wozu diese beweglichen Federn gut sind, weiß man nicht genau. Das Gehör befindet sich seitlich am Kopf. Bei vielen Eulenarten liegen die Ohren unterschiedlich hoch. So nimmt das eine Ohr Schallwellen minimal früher wahr als das andere: perfekt, um die Entfernung eines Beutetieres exakt abzuschätzen! Die nächtlichen Jäger fressen vor allem Mäuse. Sind viele Mäuse vorhanden, legen Waldohreulen mehrere Eier. Dafür suchen die Vögel meist verlassene Krähennester auf. In nahrungsarmen Jahren verzichten sie manchmal auf Nachwuchs.

Gemustert wie ein Stück Baumrinde ist die **Waldohreule** ideal im Geäst des Waldes getarnt.

Wildkatze

Die Europäische Wildkatze ist kräftiger und größer als eine Hauskatze. Ihr dichtes Fell ist auffällig gestreift und sie hat einen buschigen Schwanz mit einem stumpfen, schwarzen Ende. Sie ist sehr scheu und lebt in großen Laub- und Mischwäldern mit vielen Verstecken und reichlich Nahrung. Als meist nachtaktives Säugetier kann sie selbst bei Dunkelheit noch gut sehen und Jagd auf Mäuse machen.

Die Katze und der Mensch

Schon vor vielen Jahrtausenden erkannte der Mensch den Nutzen der Katzen: Sie halten Mäuse und Ratten fern! Im alten Ägypten wurden sie regelrecht verehrt und oft nach ihrem Tod wie ein Pharao mumifiziert. Unsere Hauskatze stammt von der ägyptischen Wild- oder Falbkatze ab. Die wilden Vorfahren merkt man ihr heute noch an: Mit eingefahrenen Krallen schleicht sich die Hauskatze lautlos heran, springt und packt zu.

Höhlen und Baue als Unterschlupf

Tagsüber ruhen Erdkröten in Verstecken. Nachts jagen sie Würmer, Schnecken und Insekten.

Typisch für den **Rotfuchs** ist sein langer buschiger Schwanz.

Fuchs

Als nächtlicher Jäger sieht der Fuchs hervorragend bei Dunkelheit und hat – ähnlich wie ein Spürhund – einen ausgeprägten Geruchssinn. Das sehr schlanke und relativ leichte Säugetier kann schnell rennen, gut klettern und bis zu zwei Meter hoch springen. Tagsüber halten sich Füchse versteckt. Oft bewohnen sie einen Dachsbau oder ziehen in einen Kaninchenbau mit ein! Wenn sich Raubtiere und Beutetiere einen Unterschlupf teilen, ohne dass es zu Angriffen kommt, spricht man auch von „Burgfrieden".

Da sie in fast allen Lebensräumen vorkommen, zählen Füchse zu den erfolgreichsten Raubtieren. Die Allesfresser sind sehr anpassungsfähig. Immer häufiger kannst du Füchse sogar in Städten beobachten. Bei uns lebt der Rotfuchs. Doch auch in der Wüste und am Nordpol gibt es Füchse. Der Wüstenfuchs hat sehr große Ohren, über die er Wärme abgeben kann. Der Polarfuchs ist mit seinem weißen Winterfell im Schnee gut getarnt.

Erdkröte

Sie gehört zu den Froschlurchen. Doch im Gegensatz zum Frosch ist die Haut der Erdkröte

nicht glatt und feucht, sondern trocken und warzig. Auch bewegt sie sich nicht hüpfend vorwärts, sondern eher kriechend. Gegen Angreifer besitzt die Erdkröte wie viele Krötenarten Giftdrüsen in der Haut. Fühlt sich die Kröte bedroht, bläht sie sich auf, um größer zu wirken.

Erdkröten leben an Land, nur zur Paarung und zur Eiablage begeben sie sich ins Wasser. Ihre Eier (auch Laich genannt) sehen aus wie aufgereihte Perlschnüre, die sie um Wasserpflanzen wickeln. Den Winter verbringen sie geschützt in Erdlöchern.

Bei der Paarung klettert das kleinere **Erdkröten-Männchen** auf den Rücken des Weibchens.

Baummarder halten sich meist in den Baumkronen auf. Sie können sehr gut klettern und bis zu 4 m weit springen.

Baummarder

Tagsüber ruhen Baummarder in verlassenen Nestern anderer Tiere oder in Baumhöhlen. In der Dämmerung gehen die nachtaktiven Säugetiere auf Jagd. Sie nutzen ihren guten Geruchssinn und die langen empfindsamen Schnurrhaare, um sich im Dunkeln zurechtzufinden.

Ein enger Verwandter ist der Steinmarder. Die beiden Raubtiere gehen sich meist aus dem Weg, da sie sich Konkurrenz bei der Nahrungssuche machen. Während der Baummarder in den Wäldern lebt, sucht der Steinmarder die Nähe des Menschen, bewohnt Dachböden und plündert hin und wieder einen Hühnerstall. Er ist auch derjenige, der Kabel und Schläuche von Autos anknabbert.

Schon gewusst?

Wenn Tiere sogenannte „Kulturlandschaften" des Menschen – wie etwa Siedlungen, Felder, Scheunen oder Ställe – aufsuchen, nennen wir sie Kulturfolger. Sie finden dort leichter eine Nistmöglichkeit oder Futter als in der freien Natur. Neben Fuchs und Steinmarder gehören auch Kaninchen, Weißstörche, Tauben und Wanderratten zu den Kulturfolgern. Kulturflüchter dagegen meiden den Menschen, zum Beispiel der Schwarzstorch oder der Feldhase.

Dachs

Mit ihren starken Krallen graben die scheuen Dachse riesige unterirdische Baue, die von Generation zu Generation um weitere Etagen ausgebaut werden: Sie haben lange Gänge mit vielen Wohnkesseln und sind manchmal so groß wie ein halbes Fußballfeld. Da dulden die Dachsfamilien selbst Füchse als Untermieter! Für die kalten Monate fressen sich die Raubtiere aus der Marderfamilie ein Fettpolster an und ziehen sich zur Winterruhe in ihr Nest zurück.

In der Nacht verlässt der Dachs seinen Bau, um Regenwürmer, Insekten oder Früchte zu fressen.

Im Dickicht des Waldes

Der Hund und der Mensch

Der Haushund stammt vom Wolf ab. Früher war er Jagdhelfer, Hirten- und Wachhund, heute ist er nach der Katze unser beliebtestes Heimtier. Wenn er überall sein „Revier markiert", zeigt sich der wilde Vorfahre. Manche Hundearten eignen sich als Blindenhund oder helfen als Spürhund der Polizei bei der Suche nach Drogen oder Vermissten.

Wolf

Sie sehen Schäferhunden ähnlich, sind nur kräftiger. Vor allem in kalten Regionen leben und jagen Wölfe in größeren Rudeln. So können sie sogar kräftige Tiere wie Elche oder Wildschweine erbeuten. Das Rudel bewohnt ein Revier, das es mit Urin markiert, damit andere Wölfe fernbleiben. Lange Zeit galten Wölfe bei uns als ausgestorben. Doch wandern die Raubtiere gerade von Osten her wieder in unsere Wälder ein.

Wölfe heulen, um den Zusammenhalt im Rudel zu stärken.

Mit dem leicht gepunkteten Fell sind Luchse im dichten Wald gut getarnt.

Luchs

Da seine Hinterbeine etwas länger sind als die Vorderbeine, kann der Luchs schnell rennen und weit springen. Nachts macht die Raubkatze Jagd auf Mäuse, Hasen und sogar Rehe. Langsam schleicht sie sich an und überrascht ihre Beute mit einem Sprung aus dem Hinterhalt. Luchse gehören zu den Säugetieren und können sehr gut hören. Die auffälligen Haarpinsel auf ihren Ohren funktionieren vermutlich wie Antennen und der verlängerte Backenbart fängt Schallwellen ein. So kann selbst das Rascheln einer Maus perfekt geortet werden.

Früher waren Luchse in unseren Wäldern weit verbreitet. Doch sie wurden wegen ihres Fells gejagt und sind nun bei uns ausgestorben. Seit ein paar Jahren konnte der Eurasische Luchs vereinzelt wieder angesiedelt werden.

Elche fressen Zweige, Blätter, junge Baumtriebe sowie Wasserpflanzen.

Schweine haben so empfindliche Nasen, dass sie zur Trüffelsuche oder auch als „Spürschweine" für Drogen beim Zoll eingesetzt werden.

Elch

Mit einer Schulterhöhe von über zwei Metern kann der größte Hirsch der Erde ein Gewicht von 800 Kilogramm erreichen. Nur das Männchen trägt das mächtige Schaufelgeweih, das jedes Jahr abgeworfen wird und wieder nachwächst. Elche bewohnen ausgedehnte sumpfige Wälder, vor allem in Nordeuropa und anderen Gebieten auf der Nordhalbkugel. Wenn die Paarhufer auftreten, spreizen sich ihre gespaltenen Hufe weit auseinander und dazwischen spannt sich eine Schwimmhaut auf. So versinken sie nicht im Sumpf.

Wildschwein

Sie sehen zwar schlecht, riechen dafür aber umso besser. Mit ihrer rüsselartigen Schnauze durchwühlen Wildschweine den Waldboden und suchen Pilze, Wurzeln, Eicheln, genauso wie Frösche oder Würmer. Die Jungtiere, Frischlinge genannt, sind gestreift und damit gut im Unterholz getarnt. Erwachsene Männchen (Keiler) haben ausgeprägte Eckzähne. Um Parasiten loszuwerden, suhlen sich die massigen Säugetiere oft im Schlamm.

Wildschweine können rund 300 kg auf die Waage bringen.

Das Schwein und der Mensch

Vor vielen Tausend Jahren zähmten Menschen das Wildschwein und züchteten viele verschiedene Hausschweinrassen. Neben dem Rind und dem Geflügel ist das Schwein ein wichtiger Fleischlieferant. Doch oft werden die Tiere massenhaft in viel zu engen, dunklen Ställen gehalten. Biobauernhöfe bieten den Schweinen dagegen genügend Platz, bestenfalls sogar ein Freilandgehege mit Schlammlöchern zum Suhlen.

Wiese, Weide, Feld und Hecke

Vor langer Zeit war Europa zu etwa 90 Prozent von Wäldern bedeckt. Doch als die Menschen sesshaft wurden, fällten sie die Bäume und rodeten ganze Wälder. Sie brauchten nicht nur Holz für ihre Hütten, sondern auch Platz für Felder, um Getreide und Früchte anzubauen. Mit der Zeit entstand die Landschaft, die wir auch heute noch haben: ein Flickenteppich aus bewirtschafteten Feldern, Wiesen, die regelmäßig gemäht werden, und Weiden, auf denen Haustiere wie Rinder oder Schafe grasen. Wir sagen dazu auch Kulturlandschaft, da sie vom Menschen gestaltet wurde. Viele Tierarten haben sich im Laufe der Zeit an diese veränderten Lebensräume angepasst.

Auf Blüten und Blumen

Honigbiene

Ohne dieses kleine Insekt müssten wir nicht nur auf Honig verzichten, sondern auch auf Obst. Wenn die Honigbiene von Blüte zu Blüte fliegt, verbreitet sie Blütenpollen und bestäubt bis zu 80 Prozent der Obstbäume. Damit ist sie nach den Rindern und Schweinen das drittwichtigste „Haustier" des Menschen. Honigbienen leben in Bienenstöcken, die von einem Imker betreut werden.

Wie die Ameisen bilden auch die Honigbienen Staaten. Jedes Volk hat eine Königin, die täglich etwa 1500 Eier legt, und bis zu 50 000 Arbeiterinnen, die den Nachwuchs versorgen, das Nest beheizen, kühlen, säubern und bewachen. Die Arbeitsbienen sammeln Blütennektar, aus dem andere Bienen Honig herstellen. Die männlichen Bienen (Drohnen) müssen das Nest verlassen. Mit anderen Drohnen treffen sie sich an bestimmten Sammelplätzen und begatten dort auf dem Hochzeitsflug Königinnen aus der gesamten Umgebung.

Jede **Biene** hat eine ganz bestimmte Aufgabe. Die Arbeiterinnen füttern die Larven, sammeln Nektar, verteidigen den Stock oder bauen Waben. Die etwas größere Königin legt Eier (rechts).

Hummel

Da ihr Körper von einem dicken Pelz bedeckt ist, können Hummeln auch dann noch ausfliegen, wenn es den Honigbienen zu kalt ist. Sie bilden ebenfalls Staaten. Manche Arten bauen ihre Nester in Mauselöchern oder Vogelnestern. Die Arbeiterinnen und die männlichen Drohnen leben nur wenige Wochen. Die Königin dagegen wird etwa ein Jahr alt.

Wie die Honigbienen saugen Hummeln den Blütennektar mit ihrem Rüssel auf, sammeln ihn in ihrem Magen und würgen ihn im Nest wieder hoch. Den Pollen transportieren sie an ihren Hinterbeinen. Diese gelben „Pollenhöschen" kannst du bei den Insekten oft sehen.

Auch **Hummeln** sind wichtig für die Bestäubung vieler Blumen, Obst- und Gemüsesorten.

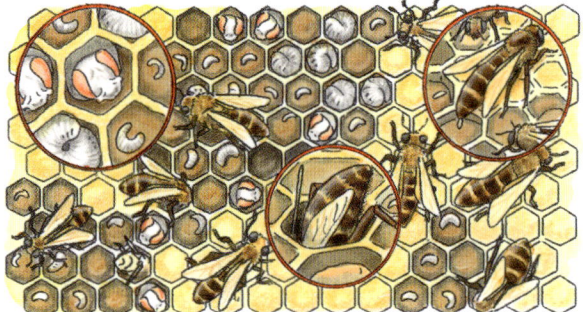

Schwebfliegen ernähren sich von Pollen und Blütennektar. Die Larven vieler Arten fressen Blattläuse.

Schwebfliege

Durch ihre schwarz-gelbe Zeichnung sieht die Schwebfliege einer Wespe zum Verwechseln ähnlich. Ein guter Trick, denn so wird das völlig harmlose Insekt von Fressfeinden in Ruhe gelassen, die sich vor dem Stich der Wespe fürchten. Eine solche Art der Täuschung nennen wir Mimikry. Ähnlich wie Kolibris können Schwebfliegen sekundenlang frei schwebend in der Luft stehen bleiben. Daher auch ihr Name!

Schon gewusst?

Auch andere Tiere betreiben Mimikry: Die Ameisenspringspinne hat ihr Aussehen einer Ameise angeglichen, weil Ameisen weniger oft erbeutet werden als Spinnen! Ein wahrer Verwandlungskünstler ist der Karnevalstintenfisch. Fühlt er sich bedroht, imitiert er eine hochgiftige Seeschlange.

Wespe

Um sich gegen einen Angreifer verteidigen zu können, besitzt die Wespe einen Stachel. Sie setzt ihre Waffe auch bei der Jagd ein und lähmt oder tötet damit Beutetiere wie Spinnen und Käfer. Im Gegensatz zur Honigbiene hat ihr Stachel keine Widerhaken und kann aus dem Opfer wieder herausgezogen werden, ohne dass der Hinterleib mit abgerissen wird. Deswegen kann eine Wespe mehrmals zustechen, während die Biene nach einem Stich stirbt.

Wespen bilden Staaten, genau wie ihre Verwandten, die Honigbienen, Hummeln und Ameisen. Ein Wespenstaat besteht aus bis zu 7000 Tieren. In einem Erdloch, auf einem Baum oder auch auf dem Dachboden baut die Königin ein Nest aus zerkauten Holzfasern, in das sie ihre Eier legt. Andere Wespenarten legen ihre Eier in erbeutete Insekten. So haben die frisch geschlüpften Larven gleich etwas zu fressen. Bei uns kommen die Deutsche Wespe und die Gemeine Wespe häufig vor.

Wespen erkennst du an der „Wespentaille": der schmalen Verbindung zwischen Brust und Hinterleib.

Auf der Wiese

Marienkäfer

Gärtner freuen sich über den roten Glücks-
bringer mit den schwarzen Punkten, denn das
kleine Insekt ernährt sich von schädlichen
Blattläusen. Das Marienkäfer-Weibchen legt
seine länglichen gelben Eier oft auf stark
von Läusen befallenen Blättern ab – so haben
die frisch geschlüpften Larven sofort etwas
zu fressen. Wenn sich die Larve nach ein paar
Wochen verpuppt, hat sie mehrere Hundert
Blattläuse vertilgt. Eine Marienkäferlarve
ist lang gestreckt und blaugrau mit gelben
Punkten.
Es gibt viele Marienkäferarten. Am bekanntesten ist der Siebenpunkt mit genau sieben
Punkten. Allerdings wird er zunehmend von
einem Marienkäfer aus Asien mit 19 Punkten
verdrängt, der vor ein paar Jahren in Europa
eingeführt wurde, weil er noch mehr Blattläuse verspeist.

Unter seinen harten Deckflügeln hat der Marienkäfer zwei dünne Flügel, mit denen er fliegt.

Die Entwicklung des Tagpfauenauges: vom Ei über
die Larve und die Puppe zum Schmetterling. Der
Lupenausschnitt zeigt die feinen Flügelschuppen,
die für das auffällige Muster des Insekts sorgen.

Tagpfauenauge

Nähert sich ein Vogel, klappt das Tagpfauen-
auge blitzschnell seine Flügel auf und zeigt
die vier großen Augenflecken. Eine wirkungs-
volle Abschreckung! Mit zusammengeklapp-
ten Flügeln ist das Insekt einfarbig dunkel und
in Büschen gut getarnt.
Ist der Schmetterling paarungsbereit, sendet
er Duftstoffe aus, die ein Partner über weite
Entfernungen hinweg mit seinen empfindsamen Antennen wahrnimmt. Das Weibchen
legt die befruchteten Eier auf Brennnesseln
ab. Die geschlüpften Larven (Raupen) haben
nur eines im Sinn: fressen! Da sie schnell
wachsen, müssen sie sich mehrmals häuten,
bevor sie sich an einen Ast hängen und
verpuppen. Im Inneren der Puppe löst die
Raupe ihre Organe
auf und
verwandelt
sich zum
Falter. Diese
Verwandlung
heißt Meta-
morphose.

Mit seinen langen Hinterbeinen kann das Grüne Heupferd aus dem Stand bis zu 2 m weit springen.

Grünes Heupferd

Wie die meisten Heuschreckenarten kann auch das Grüne Heupferd „musizieren", und zwar indem es die Vorderflügel aneinander-reibt. Mit dem lauten Zirpen werden Weibchen angelockt. Übrigens sitzt das Ohr bei den grasgrünen Weitspringern unterhalb des Knies! Im Gegensatz zu anderen Insekten entwickeln sich Heuschrecken vom Ei über die Larve direkt zum erwachsenen Tier – ohne das Puppenstadium als Ruhephase.

Schon gewusst?

Kennst du den Unterschied zwischen Insek-ten und Spinnen? Insekten haben Fühler, Flügel, Facettenaugen aus zahlreichen win-zigen Einzelaugen, sechs Beine sowie einen dreigeteilten Körper (aus Kopf, Brust und Hinterleib). Spinnen besitzen meist Spinn-drüsen, acht Einzelaugen, acht Beine und einen zweigeteilten Körper.

Kreuzspinne

Mit einem markanten Kreuz auf dem Rücken sitzt sie in der Mitte ihres runden Netzes und wartet auf Beute. Hat sich ein Insekt im Netz verfangen, nimmt die Kreuzspinne die Erschütterungen wahr. Sie lähmt die Beute durch einen giftigen Biss, spinnt sie ein und verflüssigt das Insekt mit Verdauungssaft. So kann der Fang einfach aufgesaugt werden. Ihr Netz baut die Kreuzspinne oft in Sträu-chern. Sie zieht einen Rahmen zwischen den Zweigen auf und baut Speichenfäden zur Netzmitte hin. Dann erst spinnt sie eine Spirale mit klebrigen Fäden ein, an denen die Beute-tiere hängen bleiben. Die Spinne selbst bewegt sich immer nur auf den nicht klebrigen Fäden! Übrigens bauen nicht alle Spinnen Netze: Manche Arten legen Fallgruben an, andere fangen ihre Beute im Sprung oder mit einer Art Lasso.

Webspinnen wie die Kreuzspinne produzieren Spinnfäden in speziellen Spinndrüsen am Hinterleib.

Versteckt im Dickicht und unter Steinen

Igel

Rollt sich ein Igel zu einer Kugel zusammen, ist seine verletzbare Unterseite gut geschützt. Denn vor mehreren Tausend abstehenden Stacheln schrecken die meisten Angreifer zurück. Als Säugetiere bringen Igel lebende Junge zur Welt. Damit sich die Mutter bei der Geburt nicht verletzt, ist das Stachelkleid der Jungtiere noch ganz weich. Erst nach ein paar Monaten härtet es aus.

Da sie sehr gut riechen und hören können, sind die nachtaktiven Einzelgänger gut für die Jagd in der Dunkelheit ausgerüstet. Sie erbeuten vor allem Würmer, Kröten und Insekten, manchmal auch giftige Schlangen! Im Herbst fressen sich Igel ein dickes Fettpolster an. So können sie sich in ein Nest aus Laub, Moos und Zweigen zurückziehen und die kalten Monate ohne Nahrung im Winterschlaf überstehen. Igel leben auch in Afrika und in Asien.

Kleine Igel darfst du nicht anfassen, denn dann werden sie von ihrer Mutter verstoßen.

Zauneidechse

Manchmal kannst du Zauneidechsen beim Sonnenbad beobachten. Denn wie alle Reptilien sind sie wechselwarm und müssen sich aufwärmen, da sie selbst keine Wärme produzieren können. Bei der kleinsten Bewegung verstecken sich die scheuen Tiere. Fühlen sie sich bedroht, werfen alle Eidechsen ihren Schwanz ab, der noch eine Weile zuckt. So wird der Angreifer verwirrt und die Echse kann schnell flüchten. Mit der Zeit wächst der Schwanz zum Teil wieder nach. Zauneidechsen fressen Insekten oder Würmer. Zur Paarungszeit im Frühjahr bekommen die Männchen eine grüne Färbung. Die Weibchen sind braun. Den Winter verbringen die Tiere in einem frostfreien Versteck, zum Beispiel in einem Erdloch.

Mit Schwanz können Zauneidechsen bis zu 25 cm lang werden.

Blindschleichen ruhen tagsüber meistens unter Steinen, im Komposthaufen oder im hohen Gras.

Blindschleiche

Sie ist weder blind noch eine Schlange! Die Blindschleiche ist eine Echse ohne Beine und kann wie die Zauneidechse bei Gefahr ihren Schwanz abwerfen. Da ihr glatter Körper leicht metallisch glänzt, nannte man sie früher „blendende Schleiche", woraus sich mit der Zeit der irreführende Name „Blindschleiche" entwickelte. Nachts kommen die Reptilien aus ihrem Versteck, um Schnecken und Würmer zu erbeuten.

 Deine Forscheraufgabe

Finde heraus, mit welchen Strategien verschiedene Tiere die kalten und nahrungsarmen Wintermonate überstehen, etwa auf www.nabu.de oder www.blinde-kuh.de. Viele Säugetiere fressen sich eine Fettschicht an und machen Winterschlaf. Andere halten Winterruhe: Sie schlummern viel, wachen jedoch ab und zu auf, um zu fressen. Viele Reptilien fallen ab einer gewissen Temperatur in eine Kälte- oder Winterstarre. Zugvögel ziehen in wärmere Gebiete. Was machen Igel, Eichhörnchen, Blindschleichen oder Eidechsen?

Tausendfüßer

Auch wenn Tausendfüßer viele Beine haben, so sind es doch bei Weitem keine 1000! Der Rekord liegt bei 750. Bei uns heimische Arten werden bis zu vier Zentimeter lang und haben etwa 100 Beine. Ihr länglicher, runder Körper ist in viele bewegliche Glieder unterteilt mit jeweils zwei Beinpaaren. Tagsüber verstecken sich die Gliederfüßer unter Steinen oder Laub, nachts fressen sie überwiegend abgestorbene Pflanzen. Werden sie angegriffen, sondern sie eine ätzende Flüssigkeit ab.
Hundertfüßer haben einen flachen Körper und an jedem Körperglied nur ein Beinpaar. Das erste Beinpaar ist zu Giftklauen umgewandelt, mit denen sie Insekten und Würmer töten. Übrigens besitzen manche Hundertfüßerarten mehr Beine als ihre Verwandten, die Tausendfüßer! Unlogisch, oder?

Manche Tausendfüßer rollen sich bei Gefahr zusammen. Ihr harter Chitinpanzer schützt sie vor Angreifern.

Gänge und Baue unter der Erde

Maulwurf

Perfekt ausgestattet für ein Leben unter der Erde! Der Maulwurf hat kräftige, schaufel-ähnliche Vorderpfoten und gräbt Baue mit langen Gängen, Vorratskammern und einem mit Gras und Blättern gepolsterten Wohn-kessel. Überschüssige Erde schiebt das rund 15 Zentimeter lange Säugetier nach oben. So entstehen die Maulwurfshügel. Sein Fell ist samtweich und so dicht, dass selbst feuchte Erde nicht daran haften bleibt. Mit langen Tasthaaren im Gesicht und der empfindsamen beweglichen Schnauze spürt der fast blinde Insektenfresser Regenwürmer und Insekten auf. Findet er mehr Nahrung, als er verzehren kann, lähmt er seine Beute durch einen Biss in den Kopf und schafft sie in die Vorratskammer. Manchmal liegen dort mehrere Hundert Regenwürmer – eine gute Reserve für den Winter!

Da der **Maulwurf** seinen unterirdischen Bau nur sehr selten verlässt, ist er fast blind. Unter der Erde muss er ja auch nicht sehen können.

Feldhamster wurden früher von Bauern gejagt, die um ihr Getreide fürchteten. Heute sind sie geschützt.

Feldhamster

Die beiden Backentaschen des Europäischen Feldhamsters sind extrem dehnbar, ideal, um Nahrung zu „hamstern". Vor allem für den Winter trägt das bis zu 30 Zentimeter große Nagetier auf diese Weise bis zu fünf Kilo-gramm Körner in die Vorratskammern seines unterirdischen Baus. Bei Gefahr versteckt das Weibchen sogar ihre noch ganz kleinen Jungen in ihren Hamsterbacken. Ein Hamsterbau hat mehrere Eingänge, auch ein paar steil nach unten führende Fallrohre, in die sich der Hamster kopfüber hineinstürzt, wenn er auf der Flucht ist.

Der Hamster und der Mensch

Ein Verwandter unseres Feldhamsters ist der deutlich kleinere Goldhamster, der wild nur noch in Syrien (Asien) lebt und stark gefährdet ist. Da die kleinen Nager jedoch als Haustiere sehr beliebt sind, werden sie gezüchtet. Sie brauchen viel Bewegung und ein Versteck, in das sie sich zurückziehen können.

Wildkaninchen fressen Wurzeln, Triebe, Baumrinde und Gräser – wie auch die Hasen.

Feldmaus

Mit ihren kräftigen Krallen graben Feldmäuse ausgedehnte Baue dicht unter der Erdoberfläche. Ist das Nahrungsangebot reichlich, vermehren sie sich explosionsartig – zum Leidwesen der Landwirte. Denn die kleinen Säugetiere machen sich über Getreide und Feldfrüchte her. Wenn sie sich massenhaft ausbreiten, haben Raubtiere wie etwa Füchse oder Wiesel genügend zu fressen. Greifvögel und Eulen ziehen sogar in diesen „üppigen" Zeiten mehr Junge auf als sonst! Nach einer Massenvermehrung schrumpft die Population wieder, denn nicht nur die Anzahl der Fressfeinde ist angestiegen, sondern die Mäuse machen sich auch selbst Konkurrenz.

Wildkaninchen

Feldhase oder Wildkaninchen? Die beiden Säugetiere kannst du gut unterscheiden: Wildkaninchen sind kleiner, rundlicher und haben kürzere Ohren. Sie leben in Gruppen, sogenannten Kolonien, graben unterirdische Baue, in denen sie schlafen und ihren anfangs noch nackten und blinden Nachwuchs aufziehen (Nesthocker). Der Feldhase ist ein Einzelgänger und bringt seine Jungen in einer flachen Bodenmulde (Sasse) zur Welt. Sie werden mit Fell geboren und können sofort sehen und rennen (Nestflüchter).

Neben Getreide frisst die Feldmaus auch Klee, Gräser und Kräuter.

Das Kaninchen und der Mensch

Aus dem Wildkaninchen züchteten Menschen bereits vor mehreren Tausend Jahren zahme Hauskaninchen, um sie zu essen. Auch heute noch werden Kaninchen als Fleischlieferanten gehalten – meist massenhaft in viel zu engen Käfigen! Wie auch bei der Hühner- und Rindermast bedeutet das großen Stress für die Tiere, und oft brechen Krankheiten aus. Bei uns ist das Kaninchen zudem ein sehr beliebtes Heimtier. Feldhasen lassen sich übrigens nicht zähmen.

Scharfe Augen, spitze Krallen

Wanderfalke

Das schnellste Tier der Erde erreicht über 320 Stundenkilometer – allerdings nur im Sturzflug! Der Wanderfalke fängt andere Vögel im Flug. Da er sich mit Rekordgeschwindigkeit auf seinen Fang stürzt, brechen sich die Beutetiere allein schon durch die Wucht des Aufpralls das Genick.

Andere Falken wie zum Beispiel der Turmfalke sind sogenannte Rütteljäger. Sie können in der Luft auf der Stelle stehen bleiben, indem sie blitzschnell mit den Flügeln schlagen. Man nennt das auch „rütteln". Haben sie ein Tier am Boden erspäht, erbeuten sie es im Sturzflug. Übrigens können Falken wesentlich schärfer und auch viel mehr Farben sehen als wir Menschen. Sie entdecken aus großer Höhe selbst die Urinspuren einer Maus und kommen so ihrer Beute schnell auf die Schliche.

Typisch Greifvogel: Der **Mäusebussard** hat einen scharfen Hakenschnabel und spitze Krallen.

Mäusebussard

Er fängt Mäuse und sein Ruf klingt wie das Miauen einer Katze! Der Mäusebussard ist der bei uns am häufigsten vorkommende Greifvogel. Du kannst ihn stundenlang in der Luft kreisend beobachten, wenn er Ausschau nach Beutetieren hält. Hat der tagaktive Segelflieger eine Feldmaus entdeckt, winkelt er seine Flügel an und fängt seine Beute im Sturzflug. Er jagt auch Maulwürfe, Ratten und Schlangen oder ernährt sich von toten Tieren (Aas). Deswegen sitzen Mäusebussarde manchmal auf Pfählen oder Strommasten in Straßennähe und warten, bis ein Tier von einem Auto erfasst wird.

Wanderfalken brüten meist in Felsnischen, manchmal auch in Kirchtürmen oder hohen Gebäuden.

Das Gefieder der Mäusebussarde kann ganz unterschiedlich gefärbt sein.

Rabenkrähen sind in vielen Lebensräumen verbreitet. Sie leben oft in der Nähe des Menschen, in Parks, Siedlungen und auf Äckern.

Schon gewusst?

Verspielt, neugierig und sehr erfinderisch! Krähen gehören zusammen mit den Raben zu den Rabenvögeln und gelten als besonders intelligent. Sie verbiegen Metalldrähte, um Futter aus einem Versteck zu angeln, oder lassen Nüsse auf die Straße fallen, damit die harte Schale von Autos zerquetscht wird und sie das Innere fressen können. Manchmal warten sie sogar, bis die Ampel grünes Licht zeigt, und holen erst dann in Ruhe ihre geöffnete Nuss wieder ab. Es wurden auch schon Krähen beobachtet, die zum Spaß auf Wildschweinen umherritten!

Rabenkrähe

Auch wenn sie nur krächzende Laute von sich geben, zählen Rabenvögel wie die Rabenkrähe zu den Singvögeln. Allerdings sind sie wesentlich größer als ihre „musikalischen" Verwandten. Die tiefschwarze Rabenkrähe ist vor allem im Westen Deutschlands verbreitet, im Osten lebt die grau-schwarze Nebelkrähe. Rabenkrähen sind Allesfresser: Sie ernähren sich von jungen Vögeln, toten Tieren (Aas), Früchten, Samen oder auch Abfällen. Mit ihrem kräftigen Schnabel und den spitzen Krallen können sie ihre Beute gut greifen. Um an Nahrung zu gelangen, sind die Tiere oft sehr einfallsreich (siehe Kasten). Sie zählen zu den schlauesten Vögeln der Welt.

Elster

Den schwarz-weißen Rabenvogel erkennst du sofort an seinem lauten „Schackern" – ein Alarmruf, den die Elster verwendet, wenn Gefahr droht. Wie auch die Rabenkrähen gehören die Elstern zu den sogenannten Kulturfolgern, da sie den Menschen in Städte, Dörfer oder auf bewirtschaftete Felder folgen. Als Allesfresser finden sie dort reichlich Nahrung. Oft legen sich die Vögel Futtervorräte an und verstecken sie an unterschiedlichen Orten. Denn die Depots werden häufig von Krähen geplündert.

Wie viele Rabenvögel bleiben Elstern ein Leben lang ihrem Partner treu.

In der Nacht aktiv

Mit ihrer elastischen, muskulösen Flughaut kann die Fledermaus sehr schnell und wendig manövrieren.

Fledermaus

Tagsüber hängen Fledermäuse kopfüber in einer Höhle oder auf alten Dachböden – stundenlang und ohne Kraftaufwand! Denn eine spezielle Sehne fixiert ihre im Fels eingehakten spitzen Krallen. Sobald es dämmert, werden die fliegenden Säugetiere aktiv. Sie jagen mit Echo-Ortung, indem sie für uns nicht hörbare Ultraschalllaute ausstoßen, die von Hindernissen wie ein Echo zurückgeworfen werden. So können Fledermäuse selbst kleine Insekten orten!

In Südamerika lebt die Hasenmaulfledermaus, die eine besondere Jagdmethode entwickelt hat: Sie fischt! Mit 60 Stundenkilometern fliegt sie ganz knapp über der Wasseroberfläche. Vermutet sie einen Fisch im Wasser, durchkämmt sie die Stelle im Flug mit den Füßen und die Beute wird von ihren langen, nach vorne gebogenen Krallen aufgespießt.

Siebenschläfer

Auf dem Dachboden kann es bisweilen laut werden, wenn ein Siebenschläfer eingezogen ist. Er rennt umher, murrt, quiekt oder knurrt. Allerdings immer nur in der Nacht. Da erwacht das kleine Nagetier und sucht nach etwas Fressbarem.

Siebenschläfer sind Säugetiere, die sich in der kalten Jahreszeit zum Winterschlaf zurückziehen – und zwar acht Monate lang! In Baumhöhlen, leeren Häusern oder in einem Erdloch rollen sie sich zusammen und zehren von ihren Fettreserven, bis sie im Mai wieder erwachen. Dann zählen vor allem zwei Dinge: fressen und einen Partner zur Paarung finden.

Siebenschläfer können gut klettern und fressen selbst hoch oben in den Baumkronen Früchte oder junge Triebe.

Haselmäuse fressen Früchte, Knospen und Samen, aber auch Insekten, Würmer oder Vogeleier.

Das Männchen wird auf das Leuchten des weiblichen Glühwürmchens aufmerksam (oben). Die Larve des Glühwürmchens frisst Schnecken (unten).

Glühwürmchen

Besser als jede Glühbirne! Glühwürmchen sind Leuchtkäfer, die nachts mit speziellen Leuchtorganen Licht erzeugen, um Partner anzulocken. Das meist flugunfähige Weibchen klettert einen Grashalm hoch und streckt ihr leuchtendes Hinterteil in die Höhe. Das Männchen schwirrt umher und kann mit seinen guten Augen das Leuchten seiner Partnerin schnell erkennen.

Übrigens verbringt ein Glühwürmchen den Hauptteil seines Lebens als Larve – bis zu drei Jahre! Die Larve frisst in dieser Zeit so viele Schnecken, dass das fertig entwickelte Glühwürmchen keine Nahrung mehr zu sich nehmen muss. Das erwachsene Insekt lebt nur einen Sommer lang.

Haselmaus

Kaum größer als der Daumen eines Erwachsenen! Tagsüber schläft die Haselmaus in einem Kugelnest aus Zweigen und Blättern. In der Dämmerung wird das kleine Säugetier aktiv und klettert auf der Suche nach Nahrung geschickt in Hecken oder dichtem Gestrüpp umher. Dabei dient der lange dünne Schwanz als Balancierhilfe. Trotz ihres Namens ist die Haselmaus gar keine Maus, sondern gehört zu den Hörnchen, wie der Siebenschläfer.

 Deine Forscheraufgabe

Im Gegensatz zu künstlichen Lichtquellen entwickeln Glühwürmchen kaum Wärme, wenn sie leuchten. Deswegen sind die kleinen Leuchtkäfer ein lebendes Vorbild für Wissenschaftler, die möglichst effiziente Glühlampen erfinden wollen.

Teste doch einmal die Lichtquellen in eurer Wohnung: Je weniger Wärme sie entwickeln, desto effizienter! Denn dann wird mehr Energie in Licht umgewandelt. Vielleicht habt ihr sogar verschiedene Energiesparlampen, die unterschiedlich viel Wärme abgeben. Doch Vorsicht, normale Glühbirnen können sehr heiß werden!

Quaken, singen, klappern, zirpen

Das Nest des Weißstorchs kann über 2 m im Durchmesser groß sein. Es wird auch Horst genannt.

Weißstorch

Mit lautem Schnabelklappern begrüßen sich die Weißstörche in ihrem Nest. Das Verhalten ist nicht nur ein Begrüßungsritual der „Klapperstörche", sondern wird auch eingesetzt, um Eindringlinge zu vertreiben. Weißstörche sind auf Sümpfe und Feuchtwiesen angewiesen, da sie dort genügend Nahrung wie Frösche, Fische, Mäuse oder Insekten finden. Da jedoch viele Feuchtgebiete trockengelegt wurden, ist der schwarz-weiße Schreitvogel selten geworden. Er zieht zunehmend in die Nähe des Menschen und nistet auf Dächern, Kirchtürmen oder Fabrikschornsteinen (Kulturfolger). Als Zugvogel fliegt er jeden Herbst nach Afrika, um dort zu überwintern. Wenn der Storch im Frühjahr zurückkehrt, bezieht er oft dasselbe Nest wie im Jahr zuvor. Noch seltener als der Weißstorch ist der ebenso bei uns heimische Schwarzstorch, der die Nähe des Menschen scheut (Kulturflüchter).

Wie die verwandten Heuschrecken tragen Feldgrillen ihre Ohren an den Beinen!

Feldgrille

Sicherlich kennst du das Geräusch, mit dem die männlichen Feldgrillen an warmen Sommertagen Weibchen anlocken. Sie stellen ihre Vorderflügel auf und reiben sie schnell aneinander. Dabei streift die glatte Kante des einen Flügels über eine geriffelte Stelle am anderen Flügel und erzeugt das typische Zirpen.
Obwohl sie Flügel haben, können die kleinen Insekten nicht fliegen. Sie graben sich bis zu 40 Zentimeter lange Tunnel in die Erde, in die sie sich bei Gefahr blitzartig flüchten.
In diesen Wohnröhren legen die Weibchen mit einem langen Legestachel an ihrem Hinterleib mehrere Hundert Eier ab.

Die Feldgrille ist etwa 2 cm lang. Als Allesfresser ernährt sie sich von Pflanzen, anderen Insekten wie auch von toten Tieren (Aas).

Männliche **Amsel** beim Füttern der Jungen.
Weibchen haben ein braunes Gefieder.

Amsel

Früher waren Amseln scheue Zugvögel, die
im Wald lebten und im Herbst Richtung
Süden aufbrachen. Heute kannst du sie das
ganze Jahr über beobachten: in Parks,
Gärten und Siedlungen. Da es in den Städten
genügend Nahrung gibt, verbringen sie in-
zwischen auch den Winter hier.
Wie viele andere Vögel gehören
Amseln zu den Singvögeln.

Schon gewusst?

Singvögel haben ein Stimmorgan (Syrinx),
mit dem sie vor allem in den frühen Morgen-
stunden lauthals trällern. Mit ausgefeilten
Melodien verteidigen sie ihr Revier und be-
weisen, wie fit sie sind. Haben sie den perfekten Nistplatz im Revier des Nachbarn
entdeckt, ahmen sie dessen Gesang nach.
Es kommt zu regelrechten Singduellen, bei
denen der bessere Sänger gewinnt!

Grasfrosch

Die meiste Zeit verbringen Grasfrösche an
Land, versammeln sich aber zur Paarung in
einem Gewässer. Mit zwei Schallblasen
seitlich am Kopf quaken die Männchen, um
Partnerinnen anzulocken. Die Weibchen
legen viele Hundert Eier (Laich) in riesigen
Klumpen im Wasser ab, die anschließend
von den Männchen befruchtet werden. Nach
rund zehn Tagen schlüpfen winzige Kaulquappen. Sie leben im Wasser und atmen wie
Fische über Kiemen. Mit der Zeit wachsen
ihnen Beine, sie verlieren ihren Schwanz und
Lungen bilden sich aus, um Luft atmen zu
können. Innerhalb von drei Monaten ist der
Frosch fertig entwickelt und hüpft an Land.
Wie alle Frösche sind Grasfrösche Lurche.
Man sagt auch Amphibien, abgeleitet von
dem griechischen Wort „amphíbios", das
„doppellebig" bedeutet. Denn Amphibien leben
sowohl im Wasser als auch an Land!

Entwicklung des **Grasfrosches**: Aus den Eiern
schlüpfen die Kaulquappen, die sich in mehreren
Schritten zum Frosch entwickeln.

Bach, Fluss, Weiher und See

Ein Bach entspringt fast immer im Gebirge. Er ist klar, sauerstoffreich, eiskalt und fließt schnell. Hier leben Forellen und Lachse. Sie können gut schwimmen – sogar gegen die Strömung! In der Ebene verbreitert sich der Bach zu einem Fluss. Das Wasser fließt nun langsamer und ist etwas wärmer. Im Gegensatz zu diesen Fließgewässern bezeichnen wir Seen und die etwas kleineren Weiher als stehende Gewässer. Jedes Tier ist an die Fließgeschwindigkeit, den Sauerstoffgehalt und die Temperatur seines Wohngewässers angepasst. Die meisten Flüsse münden ins Meer. Im Mündungsgebiet vermischt sich ihr Süßwasser mit dem Salzwasser der Ozeane. Dieses sogenannte Brackwasser besuchen viele Zugvögel auf ihren Wanderungen.

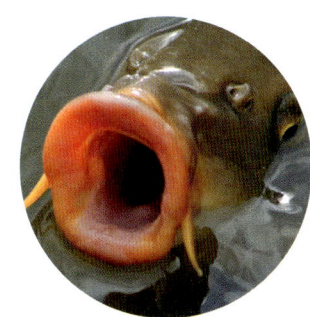

Bach und Fluss

Bachforelle

Nur in schnell fließenden, kühlen und sauberen Gewässern können Bachforellen überleben. Da sie ihre Farbe und Fleckenzeichnung der Umgebung anpassen, sind die Fische vor dem steinigen Untergrund des Baches gut getarnt.

Die in Nordamerika heimische Regenbogenforelle wächst schneller als die Bachforelle und ist weniger empfindlich gegen Verunreinigungen des Wassers oder Temperaturschwankungen. Da Forellen beliebte Speisefische sind, hat man vor rund 130 Jahren Regenbogenforellen in unseren Flüssen eingebürgert. So wurden die bei uns heimischen Forellenarten zunehmend verdrängt. Eingeführte Tierarten wie Regenbogenforelle oder Waschbär nennt man Neozoon.

Bachforellen fressen Insekten und ihre Larven, kleine Fische oder Krebse.

Die Entwicklung der Eintagsfliege: vom Ei über die Larve zum flugfähigen Insekt

Eintagsfliege

Kleinstlebewesen in einem Bach oder Fluss können dir Auskunft darüber geben, wie sauber und wie sauerstoffreich das Gewässer ist. Sind etwa viele Bachflohkrebse oder viele Larven der Köcherfliege oder der Eintagsfliege vorhanden, so ist das ein gutes Zeichen! Normalerweise entwickeln sich Insekten über vier Stadien: vom Ei über die Larve (Raupe) zur Puppe bis zum erwachsenen Insekt. Nicht jedoch die Eintagsfliege! Sie macht eine sogenannte „unvollständige Metamorphose" ohne das Puppenstadium durch. Aus den Eiern schlüpfen die Larven, die ein bis drei Jahre im Wasser leben und über Kiemen atmen. Sie häuten sich mehrmals, bis die erwachsenen Eintagsfliegen an der Wasseroberfläche schlüpfen und meist in großen Schwärmen davonfliegen. Das Insekt lebt tatsächlich oft nur einen Tag. In dieser kurzen Zeit muss es einen Partner finden, sich paaren und Eier in einem Gewässer ablegen.

Flussaale schwimmen rund 6000 Kilometer zu ihren Laichgebieten!

Flussaal

Er hat den besten Geruchssinn im Tierreich, einen Körper wie eine Schlange und gehört dennoch zu den Fischen. Der Flussaal jagt nachts Insektenlarven, Würmer, Schnecken und Frösche am Grund von Gewässern. Zweimal in seinem Leben legt er eine unglaubliche Reise zurück: Zur Fortpflanzung schwimmt der Wanderfisch durch die Flüsse und Seen Europas hinaus ins Meer – bis vor die Küste Nordamerikas! Dort legt das Weibchen Eier und stirbt. Die aus den Eiern geschlüpften Larven wandern zurück in die europäischen Flüsse. Sie brauchen rund drei Jahre und lassen sich von einer warmen Meeresströmung treiben, dem Golfstrom. In dieser Zeit entwickeln sie sich zu kleinen, durchsichtigen Fischen (Glasaale), die schließlich zu rund 1,5 Meter langen Aalen heranwachsen.

Weibliche **Flussaale** sind größer als die Männchen. Sie können über 1,5 m lang werden.

Schon gewusst?

In den tropischen Meeren lebt ein Krebs mit einer besonderen Jagdmethode: Der 5 cm große Pistolenkrebs kann mit einer seiner Scheren einen Knall erzeugen, der lauter ist als ein Düsenjet! Die entstehende Druckwelle haut seine Beute um. Im Zweiten Weltkrieg haben die kleinen Revolverhelden mit ihren Knallgeräuschen sogar das Sonar (Echo-Ortung) der U-Boote gestört!

Flusskrebs

Tagsüber verstecken sich die bis zu 25 Zentimeter langen Krebse auf dem Grund sauberer Flüsse in Felsspalten oder selbst gegrabenen Höhlen. Nachts jagen die Allesfresser Schnecken, Muscheln, Fische oder Lurche, fressen aber auch Wasserpflanzen und Aas. Mit ihren großen Scheren können sie gut zupacken oder sich verteidigen. Der bei uns heimische Flusskrebs ist aufgrund einer Pilzkrankheit (Krebspest) und der Umweltverschmutzung sehr selten geworden. Deswegen wurde der widerstandsfähige Amerikanische Flusskrebs in Europa eingeführt.

Wie die verwandten Hummer müssen sich **Flusskrebse** mehrmals im Leben häuten, da ihr Panzer nicht mitwächst.

Bach- und Flussufer

Biber

Mit seinen scharfen Schneidezähnen kann der Biber ganze Bäume fällen. In den Zähnen ist Eisen eingelagert. Dadurch sind sie sehr hart. Das gefällte Holz braucht das größte Nagetier Europas als Nahrungsvorrat sowie als Baumaterial. Zuerst errichtet der Biber einen Staudamm in seinem Wohngewässer, um den Wasserstand zu regulieren. Danach baut er die große Biberburg: Er stapelt Äste und Stämme und befestigt sie mit Schlamm und Steinen.

Sein dichtes warmes Fell fettet das scheue Säugetier regelmäßig mit einem Wasser abweisenden Sekret (Bibergeil) ein. Mit Schwimmhäuten zwischen den Zehen kann der Biber gut schwimmen, der platte Schwanz dient als Steuerruder und wird bei Gefahr aufs Wasser geschlagen – als Warnsignal für Artgenossen. Vor einiger Zeit stand der Biber kurz vor dem Aussterben, da er stark gejagt wurde und durch die Begradigung der Flüsse seinen Lebensraum verlor. Heute ist er geschützt.

Unter Wasser nagt der **Biber** einen Eingang in seine Burg und errichtet mehrere Kammern: für Vorräte, zum Schlafen und für den Nachwuchs.

Fischotter jagen nicht nur Fische, sondern auch Frösche, Schlangen, Mäuse und Krebse.

Fischotter

Früher waren die zu den Mardern gehörenden Säugetiere häufig in der Nähe von sauberen Flüssen und Bächen anzutreffen, heute sind Fischotter bei uns sehr selten geworden. Ähnlich wie die Biber bauen sie Nester in Ufernähe mit Wohnkesseln und Eingängen, die unter Wasser liegen. Sie ziehen sich gelegentlich auch in Baumhöhlen zurück. Vor allem nachts kommen sie hervor, um auf Jagd zu gehen.

Fischotter sind perfekt an ein Leben im Wasser angepasst: Mit Schwimmhäuten zwischen den Zehen und dem kräftigen Schwanz können sie schnell und wendig schwimmen, beim Tauchen verschließen sie Ohren und Nasenlöcher. Die langen Tasthaare an ihrer Schnauze helfen beim Aufspüren von Beutetieren und in ihrem dichten Fell sammeln sich Luftbläschen, die das Tier im kalten Wasser warm halten.

Bachstelze

Den grau-weißen Singvogel kannst du leicht erkennen, denn er tippelt schnell umher und wippt dabei mit seinem langen Schwanz. Die Bachstelze lebt nicht nur in Gewässernähe, sondern auch auf Wiesen und Äckern oder in kleinen Ortschaften, wo sie Jagd auf Insekten und Spinnen macht. Bachstelzen sind Zugvögel, die im Herbst losfliegen, um am Mittelmeer oder in Nordafrika zu überwintern.

Bachstelzen brüten in Baumhöhlen und Felsspalten, unter Stalldächern, im Gebälk, in Holzstapeln oder sogar auf Fensterbänken.

Außer Fischen jagt der Eisvogel auch Kaulquappen, Frösche oder Insekten.

Eisvogel

Der blau schimmernde Eisvogel sitzt oft auf einem Ast in der Nähe von klaren Flüssen, Bächen oder Seen. Hat er einen Fisch entdeckt, stürzt er sich kopfüber ins Wasser und packt mit seinem kräftigen Schnabel zu. Manchmal hält er auch im schnellen Rüttelflug Ausschau nach Beute. Das Stoßtauchen ins Wasser ist nicht einfach, denn aus der Luft sieht es so aus, als wäre der Fisch an einer anderen Stelle, als er eigentlich ist: Beim Jagen muss der Eisvogel die Lichtbrechung im Wasser ausgleichen.
Ihre langen röhrenförmigen Nester bauen die kleinen Vögel in steil abfallende Uferwände aus Sand oder Lehm. Doch da die meisten Ufer verbaut sind, findet der Eisvogel nicht mehr genügend natürliche Brutstätten. Deswegen ist der Vogel sehr selten geworden und streng geschützt.

🔍 Deine Forscheraufgabe

Um die Schwierigkeiten des Eisvogels bei der Jagd zu verstehen, kannst du ein einfaches Experiment zur Lichtbrechung machen. Fülle ein Glas mit Wasser und stelle einen Löffel oder ein langes Lineal hinein. Von der Seite betrachtet sieht es aus, als ob der Gegenstand an der Grenze zwischen Luft und Wasser geknickt ist.

Weiher und See

Eine weibliche **Ringelnatter** wird bei uns bis zu 1 m lang.

Ringelnatter

Wird sie angegriffen, bläht sich die Ringelnatter auf, um größer zu wirken, und zischt. Wenn das nichts nützt, stellt sich die häufigste Schlange Mitteleuropas einfach tot: Sie dreht sich halb auf den Rücken, ringelt sich zusammen, lässt ihre Zunge aus dem Maul hängen und erstarrt.

Die Reptilien mit dem gelben Fleck hinter dem Kopf kommen oft in Wassernähe vor. Sie können sehr gut schwimmen und tauchen und machen Jagd auf Frösche, Molche oder Fische, die sie am Stück verschlingen. Zur Paarungszeit werben mehrere Männchen um ein Weibchen und bilden ein eng verschlungenes Knäul im Gestrüpp. Übrigens sind Ringelnattern völlig ungiftig!

Gelbrandkäfer

Obwohl sie fliegen können und Luft atmen, leben Gelbrandkäfer im Wasser. Du erkennst sie sofort an der gelben Umrandung ihrer dunkelgrünen Flügel. Männliche Gelbrandkäfer sind glatt, Weibchen haben meist geriffelte Deckflügel. Ihre Körper glänzen auffällig, da sie mit einer Wasser abweisenden Fettschicht überzogen sind.

Mit dem Hinterteil voran tauchen die kleinen Schwimmkäfer regelmäßig auf, um den Luftvorrat unter ihren Flügeldecken zu erneuern. Da sie kräftige Borsten an ihren Hinterbeinen haben, können sich die bis zu 3,5 Zentimeter langen Insekten gut unter Wasser bewegen. Blitzschnell erbeuten sie kleine Fische, Kaulquappen und Insektenlarven. Besonders gefräßige Räuber sind die Larven des Käfers: Sie bohren sich mit spitzen Mundwerkzeugen in Beutetiere und spritzen eine Verdauungsflüssigkeit hinein. Nachdem sich das Körperinnere der Beute aufgelöst hat, wird es einfach aufgesaugt.

Der **Gelbrandkäfer** jagt im Wasser. Auch seine Larve muss zum Luftholen auftauchen (rechts).

Schon gewusst?

In ihren Kiemen befruchtet die Teichmuschel mehrere Hunderttausend Eier. Die geschlüpften Larven verlassen die Muschel erst im nächsten Frühjahr und haken sich an den Kiemen von Fischen fest, zum Beispiel von Karpfen oder Bitterlingen. Sobald sich die Larven zu kleinen Muscheln entwickelt haben, sinken sie zu Boden. Fisch und Muschel leben in einer engen Wechselbeziehung (Symbiose). Denn Bitterlinge legen ihre Eier wiederum in den Kiemenraum von Teichmuscheln. So können die Jungfische geschützt heranwachsen.

Teichmuschel

Nicht alle Muscheln leben im Meer. Die Große Teichmuschel hält sich mit ihrem Fuß am Grund eines Flusses fest, wühlt den Boden auf und strudelt Wasser ein – bis zu 40 Liter pro Stunde! Über die Kiemen filtert sie Kleinstlebewesen aus dem Wasser. Übrigens gehören Teichmuscheln nicht in den Gartenteich! Die Nährstoffe wären viel zu schnell aufgebraucht, die Muscheln würden hungern und schließlich sterben.

Teichmuscheln sind Weichtiere. Die beiden harten schützenden Schalen werden bis zu 20 cm lang.

Durch seine leichte Zeichnung aus Punkten und Streifen ist der Hecht gut getarnt.

Hecht

In der Nähe des Ufers lauert der Hecht bewegungslos und versteckt zwischen Wasserpflanzen Fischen, Fröschen oder auch Entenküken auf. Manchmal frisst der Raubfisch sogar ausgewachsene Wasservögel oder Artgenossen! Nähert sich ein Tier, schnellt er plötzlich hervor und schnappt zu. Die Beute hat keine Chance! Da sich die Rücken- und Afterflosse ungewöhnlich weit hinten an seinem Körper befinden, kann der Hecht blitzschnell angreifen und ist sehr wendig. In seinem länglichen Maul trägt er viele spitze, nach hinten gebogene Zähne, die wie Widerhaken wirken. Der Hecht zählt zu den größten europäischen Fischarten. Er wird bis zu 1,5 Meter lang und 30 Kilogramm schwer.

Weiher und See

Bereits die Römer schätzten den Karpfen als Speisefisch.

Wasserspinne

Nur eine einzige Spinnenart lebt im Wasser – obwohl sie Luft zum Atmen braucht! Die Wasserspinne hat einen besonderen Trick entwickelt: Sie spinnt unter Wasser zwischen den Pflanzen eine Art Taucherglocke aus dünnen Seidenfäden, um darin einen Luftvorrat anzulegen. Immer wieder schwimmt sie nach oben, streckt ihr Hinterteil aus dem Wasser und taucht sofort wieder ab. Dabei verfangen sich zwischen den Härchen an ihrem Körper winzig kleine Luftbläschen, die sie nach und nach zu ihrem glockenförmigen Netz transportiert und feinsäuberlich abstreift. Ist das Netz gefüllt, setzt sich die Spinne in ihre Luftkammer und wartet auf Beute. Sie schießt hervor, um Insektenlarven, Kaulquappen, Würmer oder sogar kleine Fische zu fangen, die sie mit einem Giftbiss überwältigt. Da sich in vielen Gegenden die Wasserqualität von Seen und Weihern zunehmend verschlechtert, ist die Wasserspinne stark gefährdet.

Karpfen

Je nach Gewässer, in dem sie leben, haben Karpfen unterschiedliche Farben: In Flüssen sind die Fische heller, in Weihern mit einem Schlammboden sind sie eher dunkel. Mit den empfindsamen Bartfäden an ihrem Maul durchsuchen sie den Grund und fressen aufgewühlte Insektenlarven, Schnecken, Würmer oder Pflanzen.
Die heutigen Zuchtformen haben einen hohen Rücken und liefern besonders viel Fleisch. Schuppen sind bei der Zubereitung von Fischen lästig. Deshalb wurden sogar Karpfen mit wenigen oder ganz ohne Schuppen gezüchtet!

In ihrer Luftkammer lauert die Wasserspinne auf Beute, frisst, paart sich und bringt ihre Jungen zur Welt.

Im Gegensatz zu den meisten Zuchtformen haben wild lebende Karpfen viele Schuppen.

Blutegel

Der mit dem Regenwurm verwandte Blutegel lebt hauptsächlich in stehenden oder langsam fließenden Gewässern und wartet auf Säugetiere, von deren Blut er sich ernährt. Ist er fündig geworden, saugt er sich fest und ritzt die Haut mit seinen Beißwerkzeugen auf. Sie bestehen aus drei kleinen Kiefern mit rund 80 winzigen Zähnen. Damit der Biss unbemerkt bleibt, spritzt der bis zu 15 Zentimeter lange Ringelwurm gleichzeitig eine Art Schmerzmittel. Ist er vollgesaugt, fällt der Blutegel von selbst ab. Sein Körperumfang hat etwa um das Fünffache zugenommen. Von dem konservierten Blutvorrat kann das Tier rund ein Jahr lang leben.

Seit über 3000 Jahren werden Blutegel in der Medizin eingesetzt. Denn beim Saugen gibt das Tier viele nützliche Wirkstoffe an die Wunde ab, die das Blut verdünnen und Entzündungen verhindern.

An Land bewegen sich Blutegel mithilfe zweier Saugnäpfe an ihren Körperenden fort.

Der Wasserläufer ist so leicht, dass er übers Wasser wie auf einer dünnen Haut laufen kann.

Wasserläufer

Schnell und ruckartig bewegt sich das kleine Insekt über die Oberfläche von ruhigen Gewässern. Der Wasserläufer hat vier lange Laufbeine und zwei kürzere Vorderbeine, die mit Sinnesorganen ausgestattet sind. So spürt er sofort, wenn kleine Beutetiere aufs Wasser fallen. Sein schlanker Körper ist mit feinen, Wasser abweisenden Härchen bedeckt, die er regelmäßig putzt und einfettet.

 Deine Forscheraufgabe

Der Wasserläufer geht nicht unter, weil er die Oberflächenspannung des Wassers nutzt. Wasser hat eine besondere Eigenschaft. Es besteht wie alle Stoffe aus ganz kleinen Teilchen. Doch ziehen sich diese Teilchen gegenseitig so stark an, dass sie eine Art Außenhaut bilden. Das kannst du auch selbst beobachten! Fülle ein Glas randvoll mit Wasser und lasse nacheinander ganz vorsichtig mehrere Münzen hineingleiten. Schon bald wird sich am Glasrand ein kleiner Hügel aus Wasser bilden. Er wird von der Oberflächenspannung zusammengehalten. Wie viele Münzen passen ins Glas, bevor es überläuft?

Weiher und See

Wasserfrosch

Dank ihrer kräftigen Hinterbeine können Wasserfrösche aus dem Stand nach Insekten springen und sie in der Luft schnappen. Sie jagen auch Würmer oder kleine Eidechsen. Wie alle Frösche haben sie eine glatte Haut mit vielen Drüsen, die Schleim produzieren. So sind sie gut geschützt und trocknen bei Hitze nicht aus. Wie bei allen wechselwarmen Tieren richtet sich ihre Körpertemperatur nach der Umgebungstemperatur. Um in den kalten Monaten nicht zu erfrieren, verkriechen sich die kleinen grünen Amphibien in ein frostsicheres Versteck und verfallen in eine Winterstarre. Im nächsten Frühjahr erwachen sie und suchen ein Laichgewässer auf. Dann kannst du die Männchen schon von Weitem quaken hören. Mit ihren Rufen werben sie um Weibchen und versuchen, Rivalen von ihrem Revier fernzuhalten.

Beim Quaken bläht der **Wasserfrosch** die beiden Schallblasen zu beiden Seiten des Kopfes auf.

Die Küken der **Höckerschwäne** können direkt nach der Geburt schwimmen.

Höckerschwan

In unseren Gewässern ist der Höckerschwan am häufigsten. Wie die Stockente gründelt auch er bei der Nahrungssuche, um mit seinem langen Hals Wasserpflanzen zu erreichen. Manchmal geht er zum Fressen auch an Land und weidet Gras oder Uferpflanzen ab. Im Frühjahr bauen die weißen Entenvögel in Ufernähe ein großes Nest aus Schilfhalmen, in dem sie fünf bis acht Eier ausbrüten. Die Jungen sind Nestflüchter: Kurz nach dem Schlüpfen verlassen sie das Nest. Es gibt übrigens auch schwarze Schwäne. Der Trauer- oder Schwarzschwan lebt in Australien und Neuseeland.

Mehr über Frösche erfährst du auf den Seiten 37 und 113!

Die Ente und der Mensch

Aus der Stockente wurde vor langer Zeit die Hausente gezüchtet. Sie liefert uns vor allem Fleisch und mit ihren Federn füllen wir Bettdecken oder Daunenjacken. Die als Delikatesse bekannte Stopfleber wird aus der Leber von Enten und Gänsen hergestellt. Da die Tiere dabei auf brutale Weise zwangsernährt werden, damit die Leber fett wird, ist das Stopfen bei uns verboten.

Teichmolche werden rund 10 cm lang. Das paarungsbereite Männchen kannst du an der auffälligen Färbung gut erkennen.

Stockente

Um Pflanzen am Gewässergrund zu fressen, tauchen Stockenten kopfüber bis zu einem halben Meter tief. Wir sagen: Sie gründeln. Die Schwimmvögel sind gegen Kälte gut geschützt: Sie haben ein dickes Fettpolster unter der Haut sowie ein dichtes, Wasser abweisendes Gefieder aus weichen, flaumigen Daunen und Deckfedern, die wärmende Luft in ihren Zwischenräumen einschließen.

Bei den Stockenten haben nur die Männchen ein auffällig buntes Gefieder. Die Weibchen sind braun.

Teichmolch

Wie alle Lurche oder Amphibien leben die Teichmolche sowohl an Land wie auch im Wasser. Die meiste Zeit verbringen sie versteckt an Land und sehen relativ unscheinbar aus. Wenn sie im Frühjahr ein Laichgewässer aufsuchen, entwickeln vor allem die Männchen eine auffällige „Wassertracht": Ihnen wächst ein welliger Kamm auf dem Rücken und ihre Unterseite färbt sich leuchtend orange – ideal, um ein Weibchen für sich zu gewinnen!

Das Männchen gibt ein Samenpaket ins Wasser ab, das von der Partnerin aufgenommen wird. Danach legt das Weibchen bis zu 300 befruchtete Eier einzeln in kleine Taschen, die sie mit den Hinterbeinen aus Wasserpflanzenblättern formt. Molche machen eine ähnliche Entwicklung (Metamorphose) wie Frösche durch. Aus den Eiern schlüpfen Larven, die in mehreren Schritten zum erwachsenen Tier heranwachsen.

49

Am Seeufer

Libelle

Nach ihrem Vorbild wurden Hubschrauber entwickelt! Da Libellen ihre vier Flügel unabhängig voneinander bewegen können, beschleunigen sie unglaublich schnell, bleiben in der Luft stehen und wechseln blitzartig die Richtung. Ihr langer, dünner Hinterleib ist dabei eine ideale Balancierhilfe. Sie zählen zu den schnellsten Jägern mit den größten Augen im Reich der Insekten. Ihre sogenannten Facettenaugen bestehen aus bis zu 30 000 Einzelaugen und können die Bewegungen von Beutetieren sofort wahrnehmen. Bei der Jagd bilden die Luftakrobaten aus ihren sechs Beinen einen kleinen Korb, mit dem sie Insekten fangen.

Wenn sich Libellen fortpflanzen, bilden sie ein Paarungsrad. Das Weibchen legt die befruchteten Eier im Wasser ab. Die nächsten beiden Jahre leben die geschlüpften Larven im Wasser. Sie wachsen, fressen und häuten sich. Dann klettern sie an Land und verwandeln sich in das geflügelte Insekt.

Nach jedem Tauchgang muss der **Kormoran** sein vollgesogenes Gefieder im Wind und an der Sonne trocknen.

Kormoran

Im Gegensatz zu anderen Wasservögeln wie Enten oder Gänsen, die ihre Federn regelmäßig einfetten, ist das Gefieder der Kormorane nicht Wasser abweisend. Dennoch tauchen die schwarzen Vögel mit den grünen Augen bis zu 30 Meter tief, um mit ihrem spitzen, hakigen Schnabel Fische zu erbeuten. Beim Tauchen sind die Schwimmhäute zwischen ihren Zehen gute Ruder, der Schwanz dient als Steuer.

Kormorane nisten an Ufern fischreicher Seen sowie an Meeresküsten. Sie leben in größeren Kolonien und bewohnen meist ganze Bäume, in die sie sich auch zum Schlafen zurückziehen.

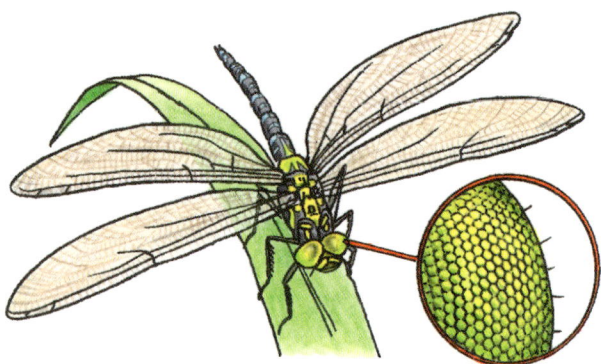

Die Facettenaugen mancher **Libellenarten** bedecken fast den gesamten Kopf. Hier die Blaugrüne Mosaikjungfer.

Bei ihren Tauchgängen bleiben Kormorane fast eine Minute unter Wasser.

50

Graureiher

Bewegungslos steht der große Schreitvogel im Flachwasser. Nähert sich ein Fisch, packt er blitzschnell zu und verschlingt ihn am Stück. Graureiher fressen nicht nur Fische, sondern jagen auch Wasserratten, Lurche oder größere Insekten. Genauso wie die Kormorane wurden sie dennoch lange Zeit von Fischern und Fischzüchtern verfolgt, die Angst um ihre Fischbestände hatten. Graureiher brüten in Gesellschaft und bauen große Nester hoch oben in den Baumkronen. Oft werden ihnen die Horste von Kormoranen streitig gemacht! Beim Fliegen ist ihr langer Hals s-förmig gekrümmt – im Gegensatz zu den Störchen, die ihren Hals im Flug ausstrecken.

Der Graureiher ist ein Lauerjäger: Er wartet auf einem Ansitz in Gewässernähe und hält Ausschau nach Beute.

Da Graugänse auch Gras, junge Triebe und Beeren fressen, kannst du die Wasservögel oft an Land beobachten.

Graugans

Außerhalb der Brutzeit leben Graugänse meist in großen Trupps. Im Winter ziehen sie in den Süden, da sie dort mehr Nahrung finden. Am Himmel bilden die Zugvögel ein großes V, um Kraft beim Fliegen zu sparen. Da die vorn fliegende Gans am meisten gegen den Luftwiderstand kämpfen muss, wird die vordere Position regelmäßig gewechselt. Auf dem Weg ins Winterquartier überqueren die in Asien heimischen Streifengänse das höchste Gebirge der Welt, den Himalaja. Sie fliegen über 8000 Meter hoch – ganz ohne Sauerstoffmaske!

Die Gans und der Mensch

Bereits vor vielen Tausend Jahren wurde die Hausgans aus der Graugans gezüchtet. Im Gegensatz zu ihrer Wildform ist sie schwerer und kann nicht fliegen. Wie die Ente wird die Hausgans wegen ihres Fleisches sowie ihrer Federn und Daunen gehalten.

Gebirge

Ob im Himalaja in Asien, in den europäischen Alpen, in den Rocky Mountains in Nordamerika oder in den südamerikanischen Anden: Die Lebensräume in einem Gebirge sind unterschiedlich, denn mit der Höhe verändert sich die Landschaft. Laub- oder Mischwälder werden weiter oben von robusten Nadelwäldern abgelöst. Ab einer gewissen Höhe wachsen gar keine Bäume mehr. Oberhalb dieser sogenannten Baumgrenze überwiegen kleine Sträucher, Gestrüpp oder Bergwiesen, in den Gipfelregionen können nur noch Moose und Flechten bestehen.

Die schneereichen Winter in großer Höhe sind eiskalt und stürmisch. Säugetiere wie der Schneeleopard haben ein dichtes Fell und eine dicke Fettschicht unter der Haut gegen die Kälte. Andere Tiere wie das Murmeltier halten Winterschlaf. Viele Arten wandern im Winter in tiefer gelegene Regionen, da sie nur noch dort Nahrung finden.

In den Alpen

Murmeltier

Droht Gefahr durch einen am Himmel kreisenden Raubvogel, stößt das Murmeltier einen schrillen Pfiff aus, um die anderen Tiere seiner Gruppe zu warnen. Sofort verschwinden alle Murmeltiere der Umgebung in ihren Bauen. Die unterirdischen Höhlen sind meist weitverzweigt mit bis zu 70 Meter langen Gängen, Fluchtröhren, Kammern für Nahrungsvorräte sowie einer großen Nestkammer. Bevor der Winter kommt, wird die Schlafkammer mit Pflanzenteilen ausgepolstert und die Säugetiere ziehen sich zu einem sechs oder sieben Monate langen Winterschlaf zurück. Eng zusammengerückt erhalten sie eine konstante Körpertemperatur von ein paar Grad über Null aufrecht – selbst wenn draußen eisige Temperaturen von –25 Grad herrschen.

Murmeltiere gehören zu den Nagetieren und fressen Gräser, Blätter und junge Triebe. Ihr lauter Warnpfiff bei Gefahr ist kilometerweit zu hören.

Das Schaf und der Mensch

Aus dem wilden Mufflon wurde vor über 10 000 Jahren das Hausschaf gezüchtet. Zusammen mit der Ziege und dem Hund gehört das Schaf zu den ältesten Haustieren des Menschen. Heute gibt es viele verschiedene Zuchtformen. Sie liefern uns vor allem Fleisch, aber auch Wolle und Milch, die teilweise zu Käse weiterverarbeitet wird.

Mufflon

Eigentlich lebt der Mufflon im Gebirge auf den beiden Mittelmeerinseln Korsika und Sardinien. Doch seit man es in anderen Teilen Europas wieder angesiedelt hat, ist das Wildschaf auch in den Alpen heimisch. Die weiblichen Mufflonschafe sind zusammen mit ihren Lämmern in Gruppen unterwegs. Während der Brunft kommen die Böcke dazu und liefern sich meist heftige Kämpfe um die Schafe.

Ein Mufflonwidder hat auffällige schneckenförmige Hörner, die er gegen Rivalen einsetzt.

Ein **Alpensteinbock** kann rund 130 kg schwer werden mit bis zu 1 m langen Hörnern.

Alpensteinbock

Kurz bevor die Alpensteinböcke ausgestorben waren, setzten sich Wildhüter für den Schutz der Säugetiere ein. Heute leben die geschickten Kletterer vor allem im Hochgebirge in bis zu 3500 Meter Höhe, wo sie sich von Gräsern und Kräutern ernähren. Selbst in den steilsten Wänden finden sie Halt, da sich ihre Hufe unter ihrem Gewicht spreizen und sich perfekt an den Fels anschmiegen.

Der Steinbock gehört zur Gattung der Ziegen. Das Männchen trägt auffällige nach hinten gebogene Hörner. Auch das Weibchen, Geiß genannt, hat Hörner – jedoch viel kleinere. Böcke und Geißen leben in getrennten Herden, nur zur Paarungszeit kommen sie zusammen.

Die Fühler des **Alpenbocks** sind meist länger als sein Körper – bei manchen Männchen sogar doppelt so lang!

Alpenbock

Da es in Europa kaum noch Urwälder gibt, in denen altes und totes Holz herumliegt, ist auch der Alpenbock selten geworden. Die hellblauen Käfer brauchen totes Buchenholz, möglichst an sonnigen Plätzen. Sie legen ihre Eier in die Holzritzen, aus denen die Larven schlüpfen, die sich bis zu vier Jahre von dem toten Holz ernähren. Dann verpuppen sie sich und im Sommer schlüpfen die fertig entwickelten Insekten.

Die Ziege und der Mensch

Der Steinbock ist mit der ebenfalls wild lebenden Bezoarziege nah verwandt, aus der unsere Hausziege gezüchtet wurde. Ziegen werden heutzutage weltweit als Haustiere gehalten – vor allem in ärmeren Ländern. Weil die Tiere sehr genügsam sind, ist ihre Zucht nicht teuer und dennoch geben sie relativ viel Milch. Zudem liefern sie Fleisch und aus ihrer Haut wird Leder hergestellt. Aus dem Fell der Angoraziege wird eine sehr feine Wolle hergestellt.

In den Alpen

Mehr über Schlangen erfährst du auf den Seiten 44, 105, 116 und 120.

Junge **Steinadler** erkennt man an den weißen Flügelstreifen. Erwachsene Tiere haben Flügelspannweiten von rund 2,2 m und werden bis zu 5 kg schwer.

Steinadler

Zu Recht spricht man bei einem guten Sehvermögen von „Adleraugen". Der Steinadler sieht um ein Vielfaches schärfer als wir Menschen. Er lebt im Hochgebirge und segelt oft stundenlang durch die Luft, um Ausschau nach Murmeltieren, Hasen oder jungen Rehen zu halten. Und selbst die kleinste Maus kann der Greifvogel aus großer Höhe am Boden noch erkennen. Er packt die Beute aus dem Flug und tötet sie mit seinen spitzen, kräftigen Krallen. Zum Zerteilen des Fleisches nutzt er seinen scharfen Hakenschnabel.
Steinadler bauen ihre Nester (auch Horste genannt) meist an steilen Wänden – schwer zugänglich für Nesträuber, aber gut im Flug zu erreichen!

Kreuzotter

An ihrem Zickzackmuster und den senkrecht stehenden Pupillen kannst du sie leicht erkennen: Die Kreuzotter ist nach der Aspisviper die giftigste Schlange Europas. Sie lebt in ganz unterschiedlichen Lebensräumen – neben Mooren, Sümpfen und Waldrändern bewohnt sie auch feuchte Bergwiesen in bis zu 3000 Meter Höhe. Die Giftschlange kann schlecht sehen, aber nimmt die leichtesten Erschütterungen des Bodens wahr. So kann sie schnell flüchten, wenn Gefahr droht oder Wanderer sich nähern. Ihre Umgebung sucht sie mit ihrer gespaltenen Zungenspitze nach Gerüchen ab. Ist eine Maus, Eidechse oder ein Frosch in der Nähe, greift sie blitzschnell an, tötet die Beute mit ihrem giftigen Biss und verschlingt sie am Stück.

Für den Menschen ist der Biss einer **Kreuzotter** meist ungefährlich. Dennoch sollte man sofort einen Arzt aufsuchen.

Bartgeier

Kurz bevor die Bartgeier ausgestorben waren, wurden gezüchtete Jungtiere in den Alpen ausgesetzt. So konnte der seltene Greifvogel in unseren Hochgebirgen wieder angesiedelt werden. Er zählt mit einer Flügelspannweite von über 2,8 Metern zu den größten flugfähigen Vögeln der Erde. Bartgeier töten ihre Beute nicht selbst, sondern ernähren sich von Tieren, die bereits tot sind. Von seiner Mahlzeit frisst der Aasfresser alles auf, auch die Knochen! Er zersplittert sie in schnabelgerechte Stücke, indem er sie aus großer Höhe auf Felsen fallen lässt. In seinem Magen werden die Knochensplitter von Verdauungssäften aufgelöst.

Der **Bartgeier** frisst Totgeburten oder im Gebirge zu Tode gestürzte Tiere. Da dies meist Jungtiere sind, wird der Aasfresser auch Lämmergeier genannt.

Der **Alpensalamander** ist gut vor Fressfeinden geschützt, da er eine giftige Haut hat.

Alpensalamander

Tagsüber verstecken sich Alpensalamander meistens. Nachts jagen sie Regenwürmer, Spinnen und Insekten. Die etwa 15 Zentimeter langen Schwanzlurche leben in feuchten Almwiesen und Bergwäldern ab 800 Meter Höhe. Da es so weit oben relativ kühl ist, bringt das Weibchen seine Jungen voll entwickelt zur Welt – im Gegensatz zu anderen Lurchen, die ihre Eier normalerweise im Wasser ablegen.

Schon gewusst?

Reptilien wie der Alpensalamander sowie Fische und Amphibien sind wechselwarm. Das heißt, ihre Körpertemperatur schwankt stark mit der Außentemperatur und sie sind bei Kälte weniger aktiv. Deswegen kannst du etwa Eidechsen manchmal beim Sonnenbaden beobachten: So tanken sie Energie! Vögel und Säugetiere sind gleichwarm: Sie können selbst Wärme erzeugen, sodass ihre Körpertemperatur immer gleich ist. Gegen Kälte schützt sie ein Federkleid oder eine dicke Fettschicht bzw. ein Fell. Übrigens sind auch wir Menschen gleichwarm!

In den Rocky Mountains

Braunbären erbeuten mit ihren kräftigen Pranken oft Lachse, wenn die Fische zu ihren Laichgebieten die Flüsse hinaufwandern.

Braunbär

Sie sind mit den Eisbären die größten Landraubtiere der Erde: Wenn Braunbären sich aufrichten, können sie drei Meter groß sein. Der Kodiakbär ist mit einem Durchschnittsgewicht von 350 Kilogramm der schwerste, dicht gefolgt vom Grizzlybär.
Bären sind Allesfresser: Sie ernähren sich vor allem von Nüssen, Wurzeln, Beeren, Gräsern und Insekten, jagen aber auch Fische oder Hirschkälber. Im Herbst fressen sie sich ein dickes Fettpolster an und nehmen bis zu drei Kilogramm pro Tag zu. So können sie die kalten Monate gut ohne Nahrung überstehen. Die Bären gehören zu den Säugetieren, die sich zur Winterruhe in eine Höhle zurückziehen. Die Weibchen bringen in dieser Zeit ein bis drei Junge zur Welt. Kurz nach der Geburt sind die Bären noch winzig – etwa so klein wie ein Meerschweinchen!

Wie alle Bären haben die Schwarzbären einen sehr guten Geruchssinn.

Schwarzbär

Seine kräftigen Pfoten mit den fünf scharfen Krallen setzt der Schwarzbär vor allem zum Graben nach Wurzeln, zum Klettern oder bei der Verteidigung gegen Angreifer ein. Droht Gefahr, flüchtet er sich jedoch meist auf Bäume. Oft markieren Bären mit ihren Zähnen und Krallen die Bäume in ihrer Umgebung, und man kann frische, tiefe Kratzspuren in der Baumrinde erkennen. Schwarzbären werden im Durchschnitt 120 Kilogramm schwer und sind kleiner als ihre Verwandten, die Braunbären. Bei der Nahrungssuche kommen die Allesfresser manchmal Siedlungen sehr nahe, um die Abfälle der Menschen zu durchstöbern. Schwarzbären sind übrigens nicht immer schwarz, sondern können auch hellfalbfarben oder honigbraun sein.

Schneeziege

Mit ihrem langen, dichten, reinweißen Fell und einer dicken Fettschicht unter der Haut sind die Schneeziegen perfekt an die Kälte im Hochgebirge angepasst. Sie gehören zu den Säugetieren und ernähren sich von Flechten, Moosen, Zweigen und Gräsern. Ihre Hufe sind klein und extrem hart, haben in der Mitte jedoch eine weiche Sohle. Dadurch geben sie besonders guten Halt – selbst in der steilsten Felswand! Die Jungen können bereits eine Stunde nach der Geburt in den Felsen herumklettern. Wird eine Schneeziege von einem Raubtier gejagt, flüchtet sie in unzugängliches Gelände. Dorthin kann ihr der Jäger auf keinen Fall folgen!

Bei den Schneeziegen tragen Männchen und Weibchen kurze, gebogene Hörner.

Streifenhörnchen sind Säugetiere und gehören zu den Erdhörnchen. Sie graben lange Baue unter der Erde.

Streifenhörnchen

In Nordamerika kannst du Streifenhörnchen oft an Picknickplätzen beobachten. Sie hoffen, dass etwas Futter für sie abfällt. Die flinken Nagetiere mit dem buschigen Schwanz ernähren sich von Früchten, Insekten, Samen oder Nüssen, die sie in den Vorderpfoten halten und so lange drehen, bis sie die dünnste Stelle entdeckt haben. Dann nagen sie ein Loch in die Schale und knacken die Nuss mit den Zähnen.

Schon gewusst?

Streifenhörnchen gehören zu den Nagetieren, wie auch Murmeltiere, Mäuse oder Eichhörnchen. Alle Nagetiere haben je zwei kräftige Schneidezähne im Ober- und Unterkiefer, die ständig nachwachsen. Da sie nur vorne mit einem sehr harten Zahnschmelz überzogen sind, nutzen sich die Zähne im hinteren Bereich schneller ab. Praktisch, denn dadurch werden sie beim Nagen immer schärfer. Biber können damit ganze Bäume zu Fall bringen!

59

In den Anden

Puma

Berglöwe, Silberlöwe oder Puma nennt man die einzelgängerische Raubkatze, die früher in ganz Amerika stark verbreitet war. Da ihr Lebensraum zunehmend vom Menschen besiedelt wird und das Säugetier zudem stark gejagt wurde, sind die Bestände heute sehr zurückgegangen.

Pumas leben nicht nur im Hochgebirge, sondern auch im Tiefland, in Halbwüsten, tropischen oder gemäßigten Wäldern. Sie haben meist sehr große Reviere, die sie auf der Suche nach Nahrung durchstreifen. Sie jagen Reptilien, Vögel, Hirsche oder auch Haustiere wie Lamas. Dabei greifen Pumas ihre Beute mit einem Sprung aus dem Hinterhalt an und töten sie mit einem kräftigen Biss ins Genick.

Mit den ausgebreiteten Schwungfedern am Ende der Flügel kann der **Andenkondor** gut steuern.

Andenkondor

Mit einer Flügelspannweite von rund 3,2 Metern segelt der Andenkondor majestätisch durch das Hochgebirge Südamerikas. Zusammen mit dem Wanderalbatros zählt er zu den größten flugfähigen Vögeln der Erde. Andenkondore nutzen Aufwinde, um in Höhen von bis zu 7000 Metern zu gelangen. Da sie sehr scharfe Augen haben, halten sie von weit oben Ausschau nach Nahrung. Kondore sind nützlich, denn sie fressen tote Tiere (Aas) – so wie die Geier. Meistens leben die Greifvögel in Gruppen von rund zehn Tieren zusammen. Hat ein Vogel eine Futterquelle am Boden erspäht, fliegt er kreisend hinab. So werden die anderen Kondore aufmerksam und gesellen sich dazu. Der Andenkondor kann 70 Jahre alt werden und ein Gewicht von zwölf Kilogramm erreichen.

Da die Vorderbeine kürzer sind als die Hinterbeine, können **Pumas** sehr weit springen: bis zu 10 m!

Das **Guanako** kommt mit wenig Wasser aus und ernährt sich von der spärlichen Vegetation der Anden: Gräsern und niedrigen Büschen.

Guanako

Hoch oben in den Anden leben die Guanakos. Die Wildform des Lamas gehört zusammen mit den Vikunjas, der Wildform der Alpakas, zu den Kamelen. Ihr dichtes Fell hält die südamerikanischen Säugetiere warm, die Nasenlöcher sind gegen Sandstürme verschließbar, die langen Wimpern schützen ihre Augen vor der starken Sonneneinstrahlung. Da die Luft im Hochgebirge wenig Sauerstoff enthält, haben Guanakos große Lungen und besonders viele rote Blutkörperchen im Blut, die Sauerstoff speichern können.

Wie alle Kamele spucken auch die wilden Guanako-Hengste. Sie verteidigen damit ihr Revier gegen Rivalen.

Das Lama und der Mensch

Aus dem wild lebenden Guanako züchteten bereits die Inkas vor Jahrtausenden das Lama – ein Haustier, das nicht sehr anspruchsvoll, aber dennoch ausdauernd ist und gut in Höhen über 4000 Meter zurechtkommt. Lamas liefern Fleisch, Milch und Wolle, aus ihrer Haut wird Leder gewonnen und sie eignen sich als Lasttiere. Ihre Verwandten, die Alpakas, werden vor allem wegen ihrer weichen Wolle gehalten. Sie stammen von den wilden Vikunjas ab.

Chinchilla

Wegen ihres weichen Fells wurden Chinchillas früher stark gejagt – bis sie fast ausgerottet waren. Heute leben wieder einige der nachtaktiven Nagetiere in den Anden. Mit dem dicken Pelz können sie auch in Höhen bis zu 5000 Metern überleben. Doch ihr Bestand ist immer noch bedroht. Als gezüchtete Haustiere sind die kleinen Säuger jedoch weltweit verbreitet.

Chinchillas verstecken sich tagsüber in Felsspalten. Nachts kommen sie hervor, um Gräser, Blätter und Zweige zu fressen.

Im Himalaja

Schneeleopard

Der Schneeleopard ist der einzige Hochgebirgsbewohner unter den Katzen. Bis in 5500 Meter Höhe hat man seine Spuren gefunden! Das Säugetier selbst bekommt man fast nie zu Gesicht. Es ist scheu und sehr selten, da es wegen seines teuer gehandelten Fells immer noch illegal gejagt wird. Jeder Schneeleopard hat ein eigenes Revier. Er markiert es durch Kratzspuren, Urin und Kot. Der Einzelgänger mit dem dicken, wärmenden Fell ist hervorragend an ein Leben im Hochgebirge des Himalaja angepasst: Er kann gut klettern, mit seinen breiten Pfoten versinkt er nicht im Schnee, sein bis zu einem Meter langer Schwanz hilft ihm, das Gleichgewicht zu halten, und durch sein Fellmuster ist er in den verschneiten Geröllfeldern perfekt getarnt.

Meist jagen Schneeleoparden nachts. Sie erbeuten Schafe, Steinböcke, Murmeltiere, aber auch junge Yaks und andere Nutztiere der Bauern.

Der Große Panda kann zwar gut klettern, lebt aber überwiegend am Boden.

Großer Panda

Als Symbol der weltweit tätigen Naturschutzorganisation WWF (World Wide Fund for Nature) ist der Große Panda eines der bekanntesten Tiere. Durch seine sehr spezielle Lebensweise gehört er jedoch auch zu den am meisten bedrohten Tierarten: Denn das Säugetier mit dem schwarz-weißen Fell frisst überwiegend Bambus – und weil diese Pflanze nicht sehr nahrhaft ist, müssen die Großen Pandas davon riesige Mengen vertilgen: bis zu 30 Kilogramm am Tag! Doch ganze Bambuswälder wurden von Bauern gerodet, um Ackerland zu gewinnen.
Im Sommer leben die Pandas in den Bergwäldern Chinas in Höhen bis zu 4000 Metern. Im Gegensatz zu anderen Großbären halten sie keine Winterruhe, sondern wandern in den kalten Monaten in tiefer liegende Gebiete.

Mehr über den Schutz von bedrohten Tierarten erfährst du auf Seite 130!

Kleiner Panda

Der Kleine Panda wird auch Katzenbär oder wegen seiner Fellfarbe Roter Panda genannt. Er ist etwa so groß wie ein Fuchs und mit dem Großen Panda nicht verwandt. Da er jedoch wie dieser auch Bambus frisst, bekam er denselben Namen. Der Kleine Panda schläft tagsüber meist in den Baumkronen der kalten Bergwälder Asiens. Gegen Abend geht er auf Nahrungssuche. Außer Bambus frisst er auch Wurzeln, Beeren, Kleintiere und Vogeleier. Mit einem Fellpolster auf seinen Fußsohlen hat das flinke Säugetier selbst auf dünnen feuchten Ästen einen guten Halt. Außerdem bietet das Fell einen guten Schutz gegen die Kälte. Auch der Kleine Panda gilt als stark gefährdet.

Der Kleine Panda hat scharfe Krallen, mit denen er sich bei einem Angriff verteidigt.

Es gibt nur noch wenige wild lebende Yaks. Sie sind sehr genügsam und fressen Gräser, Moose sowie Flechten.

Yak

Eine dichte Unterwolle und das lange zottelige Fell halten den Yak auch bei −40 Grad Celsius noch warm. Seine harten Hufe haben rutschfeste, ledrige Sohlen: ideal, um in vereisten Felswänden herumzuklettern. Deswegen werden die Wildrinder schon seit der Steinzeit gezähmt und gezüchtet (domestiziert) und als Lasttiere im Hochgebirge eingesetzt. Sie liefern zudem Fleisch, Wolle, Milch und Dung, der getrocknet und als Brennmaterial verwendet wird.

Das Rind und der Mensch

Unsere Hausrinder wurden vor über 6000 Jahren aus einem bereits ausgestorbenen Wildrind gezüchtet: dem Auerochsen. Das Rind ist das wichtigste Haustier des Menschen. Es gibt viele Zuchtformen. Manche sind gute Arbeitstiere, andere liefern Fleisch, das weibliche Rind (die Kuh) gibt viel Milch. Hochleistungskühe geben bis zu 60 Liter Milch am Tag!

Watt, Küste und Meer

Rund 70 Prozent der Erdoberfläche sind von Meeren bedeckt. Unter der Wasseroberfläche verbirgt sich ein riesiger, uns größtenteils unbekannter Lebensraum mit tiefen Schluchten, ausgedehnten Gebirgen und aktiven Vulkanen. Der Großteil des Lebens spielt sich in den oberen 200 Metern der Meere ab – genauso weit reicht das Sonnenlicht in die Tiefe. Danach wird es stockdunkel: Die Tiefsee beginnt. Neben der Dunkelheit müssen die Tiere mit einem enormen Wasserdruck, extremer Kälte und einem geringen Nahrungsangebot zurechtkommen.

An den Küsten bestimmen Ebbe und Flut das Leben der Tiere. In den Flachwassergebieten der tropischen Meere gibt es bunte Korallenriffe. Sie machen nur einen winzigen Bruchteil der Meere aus, doch leben hier die meisten Arten.

Im Watt

Wattwürmer werden bis zu 40 cm lang.

Die **Silbermöwe** hat einen roten Fleck am Schnabel, gegen den die Jungtiere picken, wenn sie Futter wollen.

Silbermöwe

Weltweit gibt es viele verschiedene Möwenarten, die meistens an den Küsten leben. Die bis zu 60 Zentimeter große Silbermöwe kommt in Europa am häufigsten vor. Da sie selbst bei Sturm ein wahrer Luftakrobat ist, jagt sie manchmal anderen Seevögeln die Beute ab. Neben Fischen, Krebsen und Weichtieren frisst sie, was sie ergattern kann. Oft begleiten Silbermöwen Fischkutter und hoffen auf Fischabfälle. Oder sie folgen den Landmaschinen der Bauern auf dem Feld, um aufgewühlte Regenwürmer zu fressen. Sogar auf Müllkippen suchen sie nach Fressbarem. Im Gegensatz zu den meisten anderen Tieren können Möwen Meerwasser trinken. Sie scheiden das überschüssige Salz über spezielle Drüsen im Schnabel wieder aus.

Wattwurm

Wenn du schon einmal im Watt spazieren warst, sind dir sicherlich die vielen kleinen Sandhäufchen aufgefallen. Das ist der Kot des Wattwurms. In der Nähe jedes Haufens befindet sich ein Loch. Es bildet den Eingang zu einer etwa 25 Zentimeter tiefen u-förmigen Röhre, in der der Ringelwurm lebt. Er frisst sich durch den feuchten Sand, der in seine Wohnhöhle fällt, und filtert Kleinstlebewesen und Algenteilchen heraus. Den unverdaulichen Rest scheidet der Wurm am anderen Ende der Röhre aus. Hierbei kommt er nah an die Oberfläche und kann leicht von Vögeln erbeutet werden.
Wattwürmer nennt man auch Sandpierwürmer oder Köderwürmer, da sie gerne von Anglern als Köder benutzt werden.

Wattwürmer sorgen dafür, dass der Wattboden mehrmals im Jahr umgegraben wird.

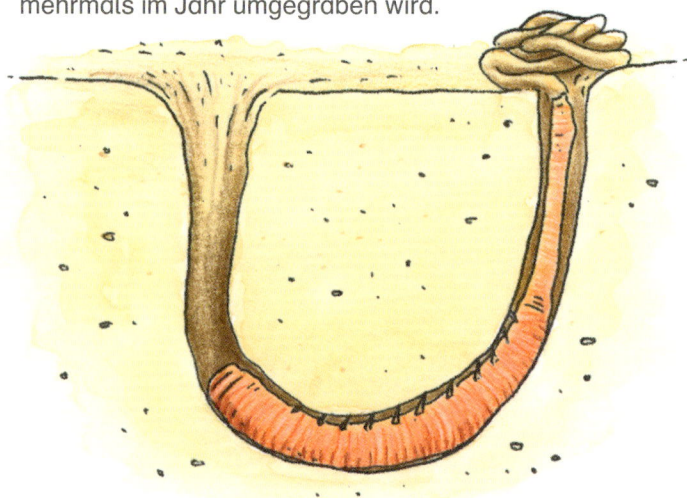

Austernfischer

Mit seinem auffällig roten, langen Schnabel durchsucht der Austernfischer den Boden nach Nahrung. Er frisst Krebse, Würmer, Schnecken sowie Insekten und kann sogar Muschelschalen aufbrechen, um an das weiche Fleisch zu gelangen. Dabei benutzt der Vogel seinen Schnabel wie ein Werkzeug und hämmert auf die Schale ein, bis sie bricht. Oder er lässt die Muschel aus der Höhe auf steinigen Untergrund fallen. Allerdings knackt der Austernfischer keine Austern – ihre Schale wäre viel zu hart! Vor allem zur Brutzeit trillern die Vögel sehr laut. Als Nest bauen sie eine flache Mulde am Boden, die sie oft mit Muscheln auslegen.

Austernfischer können über 30 Jahre alt werden – für einen Vogel beachtlich!

Schon gewusst?

Säbelschnäbler brüten zu mehreren am Boden. Wenn sich ein Fressfeind nähert, starten sie ein geschicktes Ablenkungsmanöver! Ein Vogel fliegt auf den Eindringling zu und tut so, als wäre er verletzt. Der Angreifer hofft auf leichte Beute, folgt dem Verletzten und entfernt sich vom Nest. Bevor es zum Angriff kommt, ist der Säbelschnäbler jedoch wieder genesen und fliegt schnell davon.

Säbelschnäbler

Typisch für den Säbelschnäbler ist der nach oben gebogene Schnabel – ein hilfreiches Werkzeug bei der Nahrungssuche. Wenn der Watvogel durch das meist trübe, flache Wasser läuft, bewegt er den leicht geöffneten Schnabel unter der Wasseroberfläche hin und her. Im Schnabelinneren sind empfindliche Sinnesorgane, mit denen er Beutetiere wie Krebse, Fische oder Würmer aufspürt.

Oft jagen Säbelschnäbler in Gruppen. So werden kleine Bodenbewohner aufgescheucht und zusammengetrieben.

Im Watt

Seehund

Sie gehören zu den Robben und sind wie diese gut an ein Leben in kälteren Gewässern angepasst: Seehunde produzieren ein Öl, das ihr Fell wasserdicht macht, und eine dicke Fettschicht unter der Haut sorgt für Wärme. Sie leben in allen nördlichen Meeren. In den Wattgebieten der Nordsee kannst du die Säugetiere mit den dunklen Flecken oft auf Sandbänken beobachten. An Land bewegen sie sich langsam und robben schwerfällig vorwärts. Doch im Wasser sind die Tiere sehr wendig und schnell und tauchen bis zu 200 Meter tief. Ein Seehundbaby kann übrigens sofort nach der Geburt schwimmen. Seehunde haben ein sehr empfindliches Sinnesorgan: ihre Barthaare! Unter Wasser spüren sie damit den Flossenschlag eines Fisches, selbst wenn das Beutetier viele Kilometer entfernt ist.

Die rund 2 m langen **Seehunde** können Ohren und Nasenlöcher beim Tauchen fest verschließen.

Strandkrabben haben „Stielaugen", mit denen sie sehr gut sehen können.

Strandkrabbe

Wie auch der Hummer gehört die an den Meeresküsten Europas lebende Strandkrabbe zu den Krebsen. Sie hat einen harten Schutzpanzer und fünf Beinpaare. Das vordere Paar ist vergrößert und zu Scheren umgewandelt. Dabei ist bei vielen Tieren eine Schere größer als die andere: Sie wird zum Knacken von Muscheln und Schnecken verwendet, wobei die kleinere Schere zum Zerkleinern der Beute dient. Krabben fressen auch Würmer, kleinere Fische oder Aas. Im Gegensatz zum Hummer haben sie keinen sichtbaren Hinterleib und können schnell seitwärts laufen.

> Ähm, wie viele Arme hat noch mal ein Tintenfisch?

Die bis zu 15 cm große **Sandklaffmuschel** ist die häufigste Muschel im Wattenmeer. Sie kann fast 20 Jahre alt werden!

Sandklaffmuschel

Eine junge Sandklaffmuschel gräbt sich mit ihrem Fuß bis zu 30 Zentimeter tief in den Boden ein und bleibt dort ihr Leben lang. Aus ihrer Schale streckt die Muschel eine lange Doppelröhre (den Sipho) hervor, durch die das Weichtier Wasser strudeln lässt, um Sauerstoff und Kleinstlebewesen herauszufiltern. Einmal im Jahr geben die weiblichen Sandklaffmuscheln bis zu drei Millionen Eier ins Wasser ab. Gleichzeitig entlassen die Männchen ihre Spermien. Werden die Eier befruchtet, wachsen Larven heran, die ein paar Wochen durch das Wasser treiben. Sobald sich aus einer Larve die fertige Muschel entwickelt hat, gräbt diese sich ein.

Herzmuschel

Wie die Sandklaffmuschel lebt auch die Herzmuschel im Boden des Wattenmeers und filtert über eine Röhre kleine Lebewesen und Algenteilchen aus dem Wasser. Wird das Weichtier aus dem Boden gespült und von einem Fressfeind entdeckt, streckt es einen zungenartigen Fuß aus seiner Schale und springt einfach davon.

Herzmuscheln pumpen pro Tag rund 10 l Wasser durch ihre Kiemen.

Felsige Küsten

Mit der gewellten Unterseite ihres kegelförmigen Gehäuses können sich Napfschnecken ganz dicht an den Fels pressen.

Napfschnecke

Hat sich eine Napfschnecke mit ihrem runden Saugfuß an einem Stein festgesaugt, kannst du sie mit bloßen Händen nicht mehr ablösen. Oft leben mehrere Schnecken dicht nebeneinander an Felsküsten. Nachts verlassen die Weichtiere ihren Platz. Sie bewegen sich auf ihrer Schleimspur vorwärts und suchen die Umgebung nach Algen ab, die sie mit ihrer Raspelzunge abgrasen. Der Schleim hilft ihnen bei der Orientierung. Und außerdem fördert er neuen Algenwuchs! Manchmal verteidigt die Napfschnecke ihren Fressplatz und rammt Muscheln oder andere Schnecken mit ihrer harten Schale. Hat sie genug gefressen, kehrt sie an ihren Felsen zurück – und zwar exakt an dieselbe Stelle!

Seestern

Ungewöhnlich und unverwechselbar: Seesterne haben einen flachen, sternförmigen Körper mit meist fünf, manchmal auch mehr Armen. Manche Arten können bei Gefahr einen Arm abwerfen, der ihnen wieder nachwächst. Wie ihre Verwandten, die Seeigel, gehören Seesterne zu den Stachelhäutern. Sie besitzen ein hartes Skelett aus Kalkplatten und tragen auf der Oberseite kleine Stacheln. So ist ihr Körper gut geschützt. Auf der kompletten Unterseite befinden sich kleine Füßchen mit Saugnäpfen, mit denen sich die Tiere sehr langsam auf felsigem Meeresboden fortbewegen.
Mithilfe der Saugfüßchen kann der Seestern auch Muschelschalen auseinanderziehen. Um die Muschel zu fressen, stülpt er seinen Magen zwischen die geöffneten Schalen, verdaut den Weichkörper und saugt alles durch die Mundöffnung in seiner Körpermitte ein. Außer Muscheln fressen Seesterne auch Schnecken, Schwämme und Krebse.

Mit den Saugfüßchen bewegen sich Seesterne vorwärts und öffnen Muschelschalen.

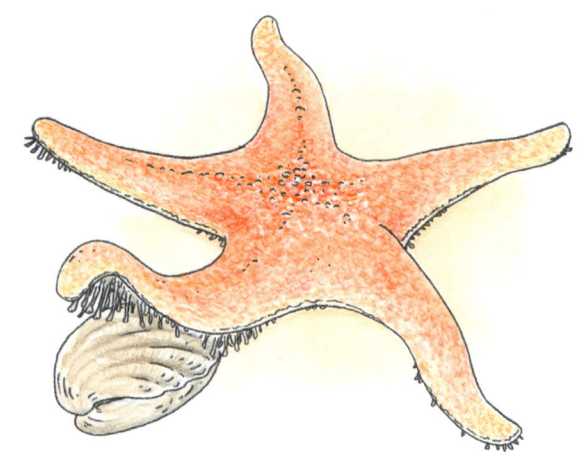

Muräne

Irgendwie unheimlich wirken Muränen mit ihrem schlangenähnlichen Körper, dem riesigen Maul und den spitzen Zähnen. Doch sind sie meistens harmlos und greifen Menschen nur bei Bedrohung an. Beißen sie zu, kann ihr Biss jedoch sehr schmerzhaft, bei manchen Arten auch giftig sein.

Tagsüber verstecken sich die in tropischen und subtropischen Meeren lebenden Muränen in engen Felsspalten. Manchmal sieht man nur ihr Maul, das immer auf- und zuklappt. So pumpen die Knochenfische sauerstoffreiches Wasser durch ihre Kiemen. Nachts gehen sie auf Jagd. Da sie nur sehr schlecht sehen, verlassen sie sich auf ihren guten Geruchssinn. Sie erbeuten Fische, Weichtiere und Krebse. Manche Muränen sind auffällig bunt gemustert.

Riesenmuränen können bis zu 3 m lang und 30 kg schwer werden.

Die **Diademseeigel** haben bis zu 30 cm lange, sehr spitze Stacheln. Sie leben an den Küsten tropischer Meere.

Seeigel

Wie die Seesterne haben auch Seeigel keinen Kopf! Sie bestehen meist aus einer runden Kalkschale, die mit Stacheln übersät ist. Diese Stacheln können dick und kurz oder dünn und lang sein. Sie sind manchmal auch giftig und schützen das Tier. Manche Seeigel können sich damit sogar in Felsen eingraben. Seeigel leben in allen Meeren. Sie bewegen sich mit kleinen Saugfüßchen vorwärts und suchen den Boden nach Algen ab, die sie mit fünf harten Zähnen in der Mitte ihrer Unterseite abraspeln.

Schon gewusst?

Im Nordpolarmeer lebt ein Seeigel, der sich giftiges Seegras auf seine Stacheln spießt, um nicht gefressen zu werden. Auch das Seegras profitiert davon: So wird es herumgetragen und bekommt mehr Licht! Es gibt auch Garnelen, die sich zwischen den schützenden Stacheln eines Seeigels verschanzen. Als Dank befreien sie ihr sicheres Zuhause von Schmutz und Parasiten. Solche Lebensgemeinschaften, die beiden Partnern etwas nützen, nennt man Symbiose.

Felsige Küsten und felsiger Meeresboden

Meerechse

Mit ihrem langen kräftigen Schwanz können Meerechsen gut schwimmen und steuern. Bis zu zehn Minuten bleiben sie unter Wasser, um nach Algen zu tauchen. Das überschüssige Salz, das sie beim Fressen im salzigen Meerwasser zu sich nehmen, müssen die Reptilien wieder loswerden. Dabei sieht es so aus, als ob die Echsen niesen müssten, wenn sie das Salz über spezielle Drüsen in der Nase ausscheiden.

Meerechsen gehören zu den Leguanen, verbringen aber im Gegensatz zu diesen einen Großteil ihres Lebens im Wasser. Sie kommen nur auf den Galapagosinseln vor, einer abgelegenen Inselgruppe mitten im Pazifischen Ozean westlich von Südamerika.

Mit den kräftigen Scheren knacken Hummer Muschelschalen auf. Sie dienen auch zur Verteidigung. Meist ist die rechte Schere kräftiger als die linke.

Nach jedem Tauchgang im Meer legt sich die Meerechse zum Aufwärmen in die Sonne.

Hummer

Am Tag verstecken sich Hummer meist in Felsspalten, nachts gehen sie auf Jagd. Sie gehören zu den Krebsen und leben in allen Meeren. Ihre harte Schale ist ein guter Schutz. Da sie jedoch nicht mitwächst, muss sich ein heranwachsender Hummer regelmäßig häuten: Sein Panzer platzt auf und der Krebs schlüpft mit einer noch sehr weichen und hellen Schale heraus. Jetzt darf den Hummer, der in diesem Stadium auch Butterkrebs genannt wird, kein Fressfeind entdecken! Erst nach ein paar Wochen ist genug Kalk eingelagert und der Panzer ist genauso hart wie zuvor.

Will ein Hummer in einer gefährlichen Situation fliehen, klappt er sein Hinterteil herunter und schnellt blitzartig „im Rückwärtsgang" durchs Wasser. Übrigens können Hummer über 100 Jahre alt werden!

Das Skelett von Schwämmen wurde früher als Badeschwamm benutzt.

Tintenfische sind mit ihrem weichen Körper sehr beweglich und schlüpfen durch enge Felsspalten.

Schwamm

Sie sehen aus wie eine Pflanze, sitzen fest auf einem Felsen und sind dennoch Tiere! Schwämme besitzen ein leichtes Skelett aus Nadeln, das oft wie ein Zylinder oder eine Vase geformt ist. Dadurch haben sie eine große Oberfläche und können viel Wasser aufsaugen. Die meisten Schwämme filtern mit Löchern in ihrem Körper Kleinstlebewesen aus dem Meer. Übrigens: Das älteste Tier ist ein Riesenschwamm. Er lebt in der Antarktis und ist über 10 000 Jahre alt!

Manche Schwämme werden bis zu 3 m groß.

Tintenfisch

Tintenfische sind keine Fische, sondern Weichtiere. Sie leben im Meer und jagen Muscheln, Krebse oder Fische. Zur Tarnung oder um einem Weibchen zu gefallen, wechseln sie blitzschnell ihre Farbe. Bei Gefahr stoßen sie eine Tintenwolke aus, um den Angreifer zu verwirren und zu fliehen. Dabei nutzen sie das Rückstoßprinzip: Wasser wird ruckartig durch eine Öffnung nach außen gedrückt und das Tier schießt wie eine Rakete durchs Wasser. Tintenfische werden auch Kopffüßer genannt, da sie um den Mund herum lange Fangarme mit Saugnäpfen haben. Es gibt Kraken mit acht und Kalmare mit zehn Fangarmen. Kraken gelten als sehr intelligent. Sie öffnen etwa Schraubverschlüsse oder bauen sich Verstecke aus gesammelten Kokosnussschalen.

 Deine Forscheraufgabe

Wie funktioniert das Rückstoßprinzip, das Tintenfische zur Flucht nutzen? Nimm einen Luftballon, puste ihn auf und halte das Ende fest verschlossen. Sobald du loslässt, strömt die Luft nach hinten heraus und der Ballon saust vorwärts durch den Raum – ähnlich wie ein Tintenfisch im Wasser!

In den Weiten der Ozeane

Um Weibchen zu imponieren, springen Buckelwale meterhoch aus dem Wasser.

Buckelwal

Im Vergleich zum Blauwal wirkt der „nur" 16 Meter lange Buckelwal fast wie ein Winzling. Zusammen mit ihren riesenhaften Verwandten fressen sich Buckelwale den Sommer über in den reichen Nahrungsgründen der polaren Meere enorme Fettreserven an. Den Winter verbringen sie fast ohne Nahrung in wärmeren Meeren nahe dem Äquator, um sich zu paaren. Mit langen vielfältigen Gesängen werben die männlichen Tiere (Bullen) um Wal-Kühe. Oft kommt es zu heftigen Kämpfen zwischen Rivalen.

Wie alle Wale zählen Buckelwale zu den Säugetieren und müssen in regelmäßigen Abständen auftauchen, um Luft zu holen. Sie atmen über zwei Blaslöcher auf der Oberseite ihres Kopfes. Beim Ausatmen entsteht der Blas, eine meist mehrere Meter hohe Fontäne aus verbrauchter feuchter Luft.

Blauwal

Ein Herz so groß wie ein Kleinwagen und eine Zunge schwerer als ein Elefant. Mit 30 Meter Länge und einem Gewicht von rund 140 Tonnen ist der Blauwal das größte Tier der Erde. Bereits ein neugeborenes Kalb ist über sieben Meter lang.

Im Gegensatz zu den Zahnwalen haben Bartenwale wie der Blau- und der Buckelwal keine Zähne, sondern mehrere Hundert bürstenartige Hornplatten im Maul. Wenn ein Bartenwal beim Fressen viele Tonnen Wasser und Kleinstlebewesen wie Krill aufnimmt, dehnen sich die Kehlfurchen an seinem Hals aus. Durch die Barten drückt er das Wasser wieder heraus, und die Nahrung bleibt hängen. Oft erzeugen mehrere Wale aus der Tiefe einen Strudel aus Luftblasen und saugen dadurch Krill an. Jetzt müssen sie nur noch nacheinander mit weit aufgerissenen Mäulern auftauchen und die kleinen Krebse können tonnenweise gefressen werden.

Wie die meisten Wale wurden Blauwale massiv gejagt und ihr Bestand ist stark gefährdet.

Mit den Barten sieben Blauwale Krill aus dem Wasser – mehrere Tonnen am Tag!

Schon gewusst?

Krill ist altnorwegisch und heißt „Nahrung der Wale". Es handelt sich um kleine, sehr nahrhafte Krebse, die sich in den Polarmeeren milliardenfach ausbreiten, sobald das Eis schmilzt. Die Krebse fressen winzige Algen (pflanzliches Plankton), dem sie an die Meeresoberfläche folgen. Dabei entstehen riesige Schwärme, die ganze Meeresabschnitte rosa färben. Sie bilden die Nahrung für zahlreiche Meeresbewohner – nicht nur für die Bartenwale!

An der Unterseite ihres schirmförmigen Körpers haben **Quallen** ihre Mundöffnung.

Lederschildkröte

Ein Gigant unter den Schildkröten ist die zwei Meter lange Lederschildkröte. Sie lebt bevorzugt in tropischen und subtropischen Meeren, kann schnell schwimmen und lange tauchen. Nur zum Eierlegen geht das Reptil an Land, und zwar genau an den Strand, an dem es selbst geboren wurde! Nach rund sieben Wochen schlüpfen die Jungen alle gleichzeitig und müssen schnell das Wasser erreichen – denn es lauern viele Fressfeinde.

Die **Lederschildkröte** vergräbt rund 100 Eier tief im Sand und kehrt zurück ins Meer.

Qualle

Bunt leuchtend oder fast durchsichtig leben Quallen in allen Meeren der Erde. Und das bereits seit vielen Hundert Millionen Jahren. Ihr weicher schirmartiger Körper besteht zu 99 Prozent aus Wasser! Mit pulsierenden Bewegungen lassen sie sich langsam durchs Wasser treiben.

Viele Quallenarten ziehen lange Tentakel hinter sich her, mit denen sie kleinere Beutetiere fangen und lähmen. An den Fangarmen befinden sich Nesselkapseln mit einem Gift, das bei Berührung wie eine Harpune herausschießt und sich in die Haut des Opfers bohrt. Dieses Nesselgift kann auch für Menschen gefährlich sein.

Nach der Fortpflanzung stirbt eine Qualle meistens: Sie löst sich nach und nach auf, und übrig bleibt eine ungiftige Scheibe – ein Festessen für andere Meerestiere!

In den Weiten der Ozeane

Hai

Bereits vor den Dinosauriern gab es Haie! Sie existieren seit Jahrmillionen. Ihr Erfolgsgeheimnis liegt in der perfekten Anpassung an ihren Lebensraum. Mit dem stromlinienförmigen Körper und der rauen, schuppenartigen Haut können sich die Fische sehr schnell und kraftsparend durchs Wasser bewegen. Haie hören sehr gut, sehen auch bei Dunkelheit und haben einen fantastischen Geruchssinn: Über Hunderte von Metern nehmen sie den Geruch von einem Tropfen Blut wahr! Sie haben spezielle Sinneszellen unter der Haut (das Seitenlinienorgan) und einen elektrischen Spürsinn in der Schnauze. So bemerken sie sogar den Herzschlag ihrer Beute. Die wenigsten Haie sind für den Menschen gefährlich. Eher umgekehrt: Viele Haiarten sind vom Aussterben bedroht, weil der Mensch sie so stark jagt. Der größte Fisch der Erde ist übrigens der Walhai, der sich von Krill ernährt. Er kann 15 Meter lang werden.

Haie haben mehrere Reihen spitzer, messerscharfer Zähne. Fällt ein Zahn aus, wächst ein neuer einfach nach.

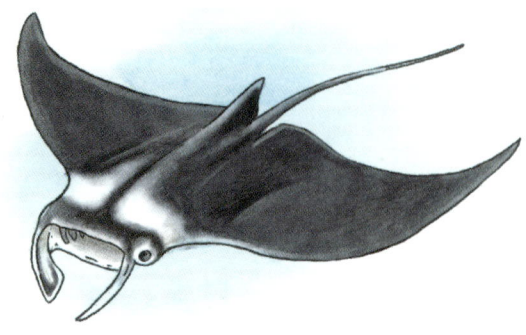

Mantarochen leben in wärmeren und tropischen Meeren und können über 1,5 t schwer werden!

Mantarochen

Ein flacher rautenförmiger Fisch? Mantarochen haben eine sehr ungewöhnliche Körperform. Mit Spannweiten von rund 6,5 Metern bewegen sie ihre riesigen Brustflossen wellenförmig wie Flügel. Oft gleiten sie langsam durchs Meer und führen mithilfe der hörnerartigen Kopfflossen nährstoffreiches Wasser in ihr weit aufgesperrtes Maul. So nehmen sie Kleinstlebewesen auf. Das überschüssige Wasser drücken sie über ihre Kiemen wieder heraus.
Es gibt auch Rochen, die Stromschläge austeilen können. Zitterrochen haben elektrische Organe, um Beutetiere zu erlegen, oder zur Verteidigung. Stachelrochen besitzen einen Giftstachel am Schwanz.

Delfine verständigen sich untereinander mit verschiedenen Lauten: Sie schnalzen, pfeifen, piepen und schnattern!

Delfin

Wie die Wale sind Delfine keine Fische, sondern Säugetiere, die Luft atmen! Oft ziehen sie in großen Gruppen (Schulen) durch die Meere und machen immer wieder hohe Sprünge aus dem Wasser. Dabei holen sie Luft durch ein kleines Atemloch oben am Kopf.

In ihrem schnabelartigen Maul haben Delfine viele kleine spitze Zähne, mit denen sie nach Fischen schnappen. Daher gehören sie zu den Zahnwalen. Beim Jagen nutzen sie die Echo-Ortung, auch Sonar genannt: Sie senden Schnalzlaute aus und warten auf die Echos, die von Hindernissen oder Beutetieren zurückgeworfen werden. So können Delfine auch im trüben Wasser oder im Dunkeln jagen.

Schon gewusst?

Delfine sind sehr intelligent. So hat eine Gruppe Großer Tümmler vor der Küste Floridas eine schlaue Jagdtechnik entwickelt: Befindet sich ein Fischschwarm im Flachwasser, schießt ein Delfin los und schwimmt einmal im Kreis um die Beute. Dabei schlägt er mit seiner Schwanzflosse aufs Wasser, um einen Ring aus Schlamm vom Boden aufzuwühlen. Die eingekesselten Fische geraten in Panik und springen in die Luft – direkt in die Mäuler der wartenden Delfine!

Schiffshalter

Per Anhalter durchs Meer! Schiffshalter sind schlanke Fische, deren Rückenflosse zu einer Saugscheibe umgewandelt ist, mit der sie sich an Haie, Rochen oder Meeresschildkröten anheften. Sie lassen sich transportieren, genießen den Schutz des meist recht großen Meeresbewohners und ergattern manchmal sogar Reste von seiner Beute. Als Gegenleistung befreien manche Schiffshalter ihr „Transportmittel" von Parasiten.

Manchmal saugen sich Schiffshalter auch an einem Schiffsrumpf fest, daher der Name. Hier „reisen" die Fische allerdings mit einem Mantarochen.

Tropisches Meer und Korallenriffe

Anemonenfisch

Die mit den Korallen verwandte Seeanemone hat auf ihren Tentakeln giftige Nesselkapseln, die sie bei Berührung auf Beutetiere oder Angreifer abfeuert und sie dadurch lähmt oder sogar tötet. Deswegen halten sich viele Tiere von ihr fern. Nicht jedoch der Anemonenfisch! Er fühlt sich zwischen den Giftarmen am sichersten vor Raubfischen und lebt mit der Seeanemone in einer engen Lebensgemeinschaft, auch Symbiose genannt. Als Gegenleistung beschützt er sie vor ihren Fressfeinden. Anemonenfische legen auch ihre Eier im Schutz der Tentakel ab. Sobald die Jungtiere geschlüpft sind, suchen sie sich eine eigene Seeanemone als sicheres Zuhause.

Anemonenfische sind gegen das Gift der Seeanemone durch eine Schleimschicht auf ihrer Haut geschützt.

Mit ihrem langen Schwanz halten sich **Seepferdchen** an Pflanzen oder Korallen fest. Im Seegras kommen die Jungen zur Welt (rechts).

Seepferdchen

Ungewöhnliche Fische: Ihr Körper ist mit knöchernen Platten gepanzert, der Kopf ähnelt dem eines Pferdes, und sie bewegen sich aufrecht durchs Wasser. Beim Schwimmen steuern Seepferdchen mit ihrer Rückenflosse. Doch meist verstecken sie sich zwischen Korallen oder Wasserpflanzen vor Raubfischen. Durch den röhrenförmigen Mund saugen sie Plankton oder Fischlarven als Nahrung. Noch etwas ist ungewöhnlich: Bei den Seepferdchen sind die Männchen schwanger. Nachdem das Weibchen rund 200 Eier in den Brutbeutel seines Partners gelegt hat, brütet dieser die Jungen über einen Monat lang in seinem Bauch aus. Seepferdchen werden zwischen 1,5 und 35 Zentimeter lang.

Seepferdchen gibt es auch in der Nordsee und im Mittelmeer!

Korallen bilden oft riesige Riffe, die zu den artenreichsten Lebensgemeinschaften der Meere zählen.

Schon gewusst?

Die meisten Korallen bilden Lebensgemeinschaften mit winzigen Algen. Man nennt so eine Verbindung auch Symbiose. Die Algen leben in der Haut der Polypen, versorgen diese mit Nährstoffen und helfen, das Kalkskelett der Koralle aufzubauen. Als Gegenleistung hat die Alge einen geschützten Lebensraum.

Riesenmuschel

Die größte Muschel der Erde ist rund 1,5 Meter lang und wiegt etwa 250 Kilogramm. Mit leicht geöffneten Schalen filtert die Riesenmuschel Kleinstlebewesen aus dem Wasser. Um sich vor Feinden wie Fischen, Tintenfischen oder Seesternen zu schützen, schließt sie sich reflexartig, sobald sich die Lichtverhältnisse in ihrer Umgebung ändern.

Riesenmuscheln sind im Indischen Ozean heimisch.

Koralle

Als 1723 ein Naturforscher behauptete, die auf hartem Untergrund festsitzenden Korallen seien Tiere und keine Pflanzen, glaubte ihm niemand. Doch er hatte recht: Korallen gehören wie Seeanemonen und Quallen zu den Nesseltieren. Viele Korallenarten verteidigen ihr Revier, indem sie etwa ihre Nachbarn mit giftigen Nesselzellen lähmen und nach und nach auffressen. Manche bilden Kalkskelette, die wie ein Baum, ein Geweih oder wie Brokkoli aussehen. In den harten Stöcken leben unzählige kleine Polypen. Sie haben einen Mund, der ringförmig von Fangarmen umgeben ist. Mit diesen Tentakeln fangen sie Kleinstlebewesen aus dem Wasser. Übrigens sind Korallen nur farbig wegen der kleinen Algen, mit denen sie zusammenleben (siehe Kasten). Sterben die Algen, verlieren sie ihre Färbung.

In der Tiefsee

Pottwal

Obwohl der rund 20 Meter lange Pottwal ein Säugetier ist und Luft atmet, kann er länger als eine Stunde unter Wasser bleiben und in Tiefen bis zu 3000 Meter tauchen – ohne dass seine Lungen unter dem enormen Wasserdruck platzen. Das schafft kein anderes Säugetier! In seinem massigen, fast quadratischen Kopf hat der Wal ein riesiges Organ, das mit zwei Luftsäcken verbunden ist und ihm als Tauchhilfe dient.

Ähnlich wie Delfine kommunizieren Pottwale mithilfe von Klicklauten und nutzen die Echo-Ortung bei der Jagd. Da sie bis zu 20 Zentimeter lange spitze Zähne im Unterkiefer tragen, zählt man sie zu den Zahnwalen. Sie fressen vor allem Tintenfische, aber auch Riesenkalmare. Oft liefern sich Pottwale Kämpfe mit den riesigen, zehnarmigen Tintenfischen in der Tiefsee und tragen ihr Leben lang große Narben am Körper von den Saugnäpfen ihrer Beute!

Pottwale leben in allen Ozeanen. Sie können Schätzungen zufolge über 70 Jahre alt werden.

Tiefsee-Anglerfisch

Besondere Überlebenstricks für die Tiefsee hat der Anglerfisch entwickelt. Die etwa 30 Zentimeter langen Weibchen locken mit einem Leuchtorgan auf der Stirn Beutetiere an. Mit der empfindsamen Spitze ihrer Angel nehmen sie jede Bewegung im Wasser wahr. Nähert sich ein Fisch, klappt die Angel hoch und das Licht erlischt. Das Opfer ist orientierungslos und schwimmt direkt in das gewaltige Maul des Anglers!

Das Anglerfisch-Männchen ist winzig klein und hat einen guten Geruchssinn, den es für die Partnersuche braucht. Hat es ein Weibchen gefunden, ist seine Lebensaufgabe erfüllt: Es verbeißt sich in seine Auserwählte, lässt sich über ihren Blutkreislauf mitversorgen und liefert Spermien für die Nachkommen. Dabei verwächst sogar die Haut beider Tiere.

Anglerfische leben in Tiefen bis zu 4000 m unter dem Meeresspiegel.

Schon gewusst?

Über das Weltall wissen wir mehr als über den größten Lebensraum der Erde: die Tiefsee. Unsere Meere sind an manchen Stellen so tief, dass der höchste Berg (der Mount Everest) komplett darin verschwinden würde. Ab etwa 1000 Meter Meerestiefe herrscht völlige Dunkelheit. Hier ist es schwer, Nahrung und Fortpflanzungspartner zu finden. Doch die Tiefseetiere haben besondere Taktiken, um zu fressen, nicht gefressen zu werden und sich fortzupflanzen.

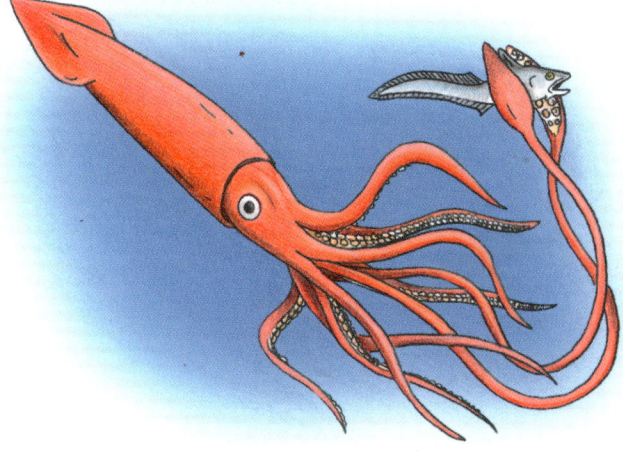

Die Augen der **Riesenkalmare** sind so groß wie Suppenteller – die größten Augen im Tierreich!

Viperfisch

Ein gewaltiges Maul voll mit spitzen Zähnen! Damit verschlingt der rund 30 Zentimeter lange Viperfisch sogar Beutetiere, die genauso groß sind wie er selbst. Er lebt in Tiefen zwischen 500 und 3000 Metern. An seinem länglichen Körper hat er spezielle Organe, mit denen er in der absoluten Dunkelheit leuchten kann. Mit seinen relativ großen Augen sieht er auch bei schwachen Lichtverhältnissen noch sehr gut. So entwischt ihm kein Beutetier!

Viperfische leben auch in größeren Tiefen des Mittelmeeres und sogar in der Nordsee.

Riesenkalmar

Da sie tief unten im Meer leben, wissen wir wenig über die Riesenkalmare. Es wurden schon tote Tiere angeschwemmt, die zehn Meter lang waren. Doch hat man bisher kaum Beobachtungen von lebenden Exemplaren gemacht.

Der Riesenkalmar ist ein zehnarmiger Tintenfisch und gehört zu den Weichtieren. Er hat sehr großen Augen, mit denen er selbst in der Tiefe noch Umrisse erkennen kann. Zwei längere Tentakel sind mit Hakenkrallen bestückt – ideal, um Beutetiere zu fangen. Die acht kürzeren Fangarme packen die Beute und führen sie zur Mundöffnung, wo sie von einem messerscharfen Hornschnabel zerkleinert wird. Wie viele Tiefseebewohner können Riesenkalmare Licht erzeugen, das sie vermutlich beim Jagen und zur Kommunikation einsetzen. Sie zählen zu den größten wirbellosen Tieren der Welt. Nur der weitaus unbekanntere Kolosskalmar ist noch länger. Es soll Exemplare von über 15 Meter Länge geben.

Polargebiete und Tundra

Rund um den Nord- und Südpol liegen die Polargebiete: im Norden die Arktis, im Süden die Antarktis. Hier herrschen Temperaturen von unter −50 Grad Celsius. Ein halbes Jahr lang herrscht Dunkelheit (Polarnacht), die andere Hälfte des Jahres scheint die Sonne (Polartag). Im Winter liegt alles unter einer mächtigen Eisschicht verborgen. Sobald die Sonne zurückkehrt, bricht das Leben wieder aus: Algen und Kleinstlebewesen, das sogenannte Plankton, vermehren sich jetzt blitzartig im Meer. Viele Tierarten nehmen oft lange Wanderungen durch die Weltmeere auf sich, um sich in den Polarmeeren daran satt zu fressen. Unter ihnen das größte Tier der Erde, der Blauwal!
Die baumlose Tundra an den Küsten Nordamerikas, Grönlands, Nordeuropas und Sibiriens ist in den Sommermonaten meist schneefrei. Rentiere und Moschusochsen fressen dort Flechten und kleine Sträucher.

In der Arktis

Die Einwohner der Arktis, die Inuit, nennen den Eisbären den Herrscher des Eises.

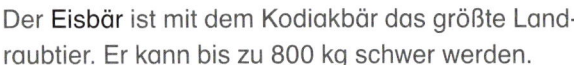

Der **Eisbär** ist mit dem Kodiakbär das größte Landraubtier. Er kann bis zu 800 kg schwer werden.

Eisbär

Der Eisbär bewohnt nur die nördlichen Polargebiete und ist perfekt an ein Leben im Eis angepasst. Die Haare seines sehr dichten Fells sind innen hohl und lagern kleine Luftpolster ein, die besonders warm halten. Zudem hat er eine fast zehn Zentimeter dicke, wärmende Fettschicht unter der Haut. Seine Haut ist übrigens tiefschwarz – eine Farbe, die Wärme gut speichern kann. Mit den Schwimmhäuten zwischen den Zehen ist der Eisbär ein ausdauernder Schwimmer.

Wenn sich im Winter die Eisdecke der Arktis schließt, beginnt die Jagdsaison. An den wenigen Löchern im Eis lauert der Eisbär Robben auf, die zum Luftholen auftauchen. Eisbären sind Säugetiere, die auf der Suche nach Nahrung oft viele Tausend Kilometer zurücklegen. Wenn die Bärin Nachwuchs erwartet, gräbt sie sich eine Eishöhle, in der sie meist zwei Junge zur Welt bringt.

Narwal

Als die Menschen im Mittelalter ein zwei Meter langes, spiralig gewundenes „Horn" fanden, war ihnen klar: Tief versteckt in den Wäldern leben Einhörner! Erst viel später entdeckte man, dass es sich bei dem Fund um den Stoßzahn eines männlichen Narwals handelte. Wozu dieser Zahn dient, ist bis heute nicht geklärt. Vielleicht wird er als Waffe im Kampf gegen Rivalen eingesetzt oder um bei der Nahrungssuche den Boden aufzuwühlen. Die weiblichen Tiere tragen keinen Zahn. Narwale werden bis zu fünf Meter lang und fressen Fische, Krebse und Weichtiere.

Narwale sind Säugetiere und müssen regelmäßig auftauchen, um Luft zu atmen.

Sattelrobbe

Nur zum Sonnen oder um ihre Jungen zur Welt zu bringen, kommen Sattelrobben an Land. Die restliche Zeit sind sie im Wasser und machen Jagd auf Fische. Mit ihren langen, empfindsamen Tasthaaren am Maul können sie die Bewegungen von Beutetieren im Wasser wahrnehmen.

Sattelrobben sind schnelle und wendige Schwimmer, die vor allem in den kalten Meeren leben. Da das weiße, sehr weiche Fell der Jungtiere noch nicht wasserfest ist, müssen sie an Land bleiben und werden dort von der Mutter gesäugt. Später schützen ein dichtes Fell und eine dicke Fettschicht die Säugetiere vor den eisigen Wassertemperaturen. Neben den Sattelrobben gibt es etwa 30 weitere Robbenarten. Zu ihnen gehören die Ringel- oder die Weddellrobbe, aber auch Seelöwen, Seehunde, See-Elefanten und Walrösser.

Im Gegensatz zum silbergrau gefärbten Fell der Eltern haben junge Sattelrobben ein ganz weißes, sehr dichtes Fell. Wegen ihrer Pelze wurden sie früher oft gejagt. Heute stehen sie unter Schutz.

Küstenseeschwalben sind mit den Möwen, nicht mit den Schwalben verwandt. Den Namen haben sie nur wegen des gegabelten „Schwalbenschwanzes".

Küstenseeschwalbe

Die Küstenseeschwalbe legt die weiteste Wanderung aller Zugvögel zurück: von einem Ende der Erde zum anderen und wieder zurück! Wenn bei uns Winter ist, bezieht sie ihr Quartier in der Antarktis. Dort ist dann Sommer und die Tage sind lang. Zum Brüten fliegt der etwa 35 Zentimeter lange Zugvogel ein halbes Jahr später wieder hoch in den Norden, an die Küsten Grönlands und Alaskas.

Schon gewusst?

Viele Vogelarten sind Zugvögel, die vor dem kalten Winter flüchten und meist in riesigen Scharen an ganz bestimmte Futterplätze im Süden ziehen. Oft sind sie wochenlang unterwegs. Sie orientieren sich am Magnetfeld der Erde, am Stand der Sonne oder an markanten Landschaften. Viele Arten fliegen in Formationen, die wie ein V aussehen. So können sie viel Kraft sparen.

In der Arktis

Walross

Auffällig sind die langen, spitzen Eckzähne, mit denen sich die Walrosse gegen Angreifer verteidigen. Manchmal ziehen sich die massigen Säugetiere auch mithilfe ihrer Zähne auf Eisschollen hoch oder graben am Meeresgrund nach Nahrung. Bei den Männchen können die Zähne bis zu einem Meter lang werden – hilfreich, um Rivalen abzuschrecken und um Weibchen für sich zu gewinnen. Walrosse gehören zu den Robben, doch im Gegensatz zu anderen Robbenarten fressen sie fast nur Muscheln. Dabei pressen sie ihre Lippen fest auf die Muschelschalen und erzeugen einen so starken Sog, dass sie das weiche Muschelfleisch einfach heraussaugen können.

Walrosse können 4 m lang und bis zu 1500 kg schwer werden.

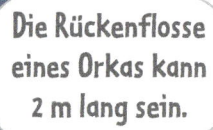

Orkas können über 12 m weit aus dem Wasser springen.

Orka

Um an eine Robbe auf einer Eisscholle zu kommen, haben Orkas eine raffinierte Fangtechnik entwickelt: Sie schwimmen in Gruppen auf die Scholle zu und erzeugen Wellen, bis ihre Beute ins Wasser gespült wird. Orkas, auch Schwertwale genannt, gelten als sehr intelligent und sind die größten und gefährlichsten Jäger innerhalb der Delfinfamilie.
Manchmal kommen sie auch waghalsig nahe an den Strand, um junge Robben im flachen Wasser zu jagen. Dabei müssen die bis zu neun Meter langen Meeressäugetiere sehr geschickt vorgehen, damit sie nicht stranden, wenn sie sich auf ihre Beute werfen. Orkas leben in allen Meeren der Erde, kommen aber vor allem in den Polarmeeren vor.

Die Rückenflosse eines Orkas kann 2 m lang sein.

Mit einer Flügelspannweite von rund 1 m kann der Eissturmvogel perfekt segeln.

Eissturmvogel

Fast sein ganzes Leben verbringt der Eissturmvogel über dem Wasser im Norden des Atlantiks und des Pazifiks. Er segelt knapp über dem Meer und hält Ausschau nach Krill, Fischen, Weichtieren und Krebsen. Um Beute zu machen, kann er kurze Zeit bis zu vier Meter tief tauchen. Danach muss er ein paar Schritte Anlauf auf der Wasseroberfläche nehmen, bevor er wieder abheben kann. Über seine länglichen Nasenlöcher scheidet er überschüssiges Meersalz aus. Nur zum Brüten kommt der Vogel an Land. Muss er sich verteidigen, bespuckt er den Eindringling mit einem übel riechenden, gelblichen Magenöl. Deswegen hat er auch den Spitznamen „Stinkmöwe".

Deine Forscheraufgabe

In der Natur geht es um Fressen und Gefressen werden. Ein großer Jäger wie etwa der Orka oder der Beluga macht Jagd auf Tintenfische, die wiederum kleinere Fische erbeuten. Die Fische fressen Krill, der sich von pflanzlichem Plankton ernährt. Am Anfang einer solchen Nahrungskette stehen immer grüne Pflanzen und am Ende oft Raubtiere oder auch der Mensch. Kennst du noch weitere Nahrungsketten? Lies mal im Internet nach, etwa auf www.blinde-kuh.de.

Beluga

Da der Beluga im Alter von etwa fünf Jahren ganz weiß wird, heißt er auch Weißwal. So ist er zwischen den Eisschollen im arktischen Eismeer gut getarnt. Jungtiere haben noch eine grauschwarze Färbung. Wie Delfine und Orkas gehören auch die bis zu 5,5 Meter langen Belugas zu den Zahnwalen. Sie leben meist in Guppen zusammen und kommunizieren über Töne. Dabei sind sie sehr einfallsreich: Sie quieken, schnattern oder machen dumpfe Brummgeräusche.

Belugas sind Säugetiere, die Luft atmen. Sie machen Jagd auf Krebse, Weichtiere und Fische.

In der Antarktis

Weibliche See-
leoparden sind größer
als die Männchen: Sie
können bis zu 4 m lang
werden.

Wanderalbatrosse werden bis zu 50 Jahre alt
und sind ihrem Partner ein Leben lang treu.

Wanderalbatros

Von allen flugfähigen Vögeln hat der Wander-
albatross die längste Flügelspannweite: bis
zu 3,5 Meter! Mit den riesigen Schwingen segelt er bei günstigem Wind ohne große Mühe
monatelang über das gesamte Südpolarmeer. Er hält Ausschau nach Fischen, Krebsen und Kalmaren, die er mit seinem langen,
scharfkantigen Schnabel erbeutet. Dabei
kann der Vagabund der Meere stundenlang
ohne einen einzigen Flügelschlag gleiten und
legt am Tag bis zu 500 Kilometer zurück.
Allerdings sind große Flügel nicht immer hilfreich. Beim Start muss der Seevogel einen
langen Anlauf an Land oder auf der Wasseroberfläche nehmen. Bei der Landung über-
schlägt er sich oft. Deswegen verbringen
Albatrosse fast ihr ganzes Leben in der Luft.
Nur zum Brüten kommen sie an Land.

Seeleopard

Ähnlich wie das Landraubtier, der Leopard,
besitzt der im Südpolarmeer heimische
Seeleopard runde Flecken auf seinem Fell
und ein kräftiges Gebiss mit langen Eckzähnen. Damit kann er auch größere Beutetiere
erlegen wie Pinguine oder junge Robben.
Neben den Orkas zählen Seeleoparden zu
den gefährlichsten Jägern der Antarktis.
Die schlanken Meeressäugetiere bewegen
sich im Wasser sehr wendig und schnell.
Sie sind meist alleine unterwegs, nur zur Paarungszeit jagen sie zu zweit. Die Paarung
findet im Wasser statt. Die Jungen werden
jedoch an Land geboren und etwa vier
Wochen lang gesäugt.

Seeleoparden gehören zu den Robben.
Sie können bis zu 40 km/h schnell schwimmen.

See-Elefant

Die Südlichen See-Elefanten leben in den antarktischen Meeren und sind die größten Raubtiere der Erde. Die Meeressäuger machen Jagd auf Fische und Tintenfische und tauchen bis zu 600 Meter tief. In diese Tiefe flüchten sie auch, um ihrem größten Feind, dem Orka, zu entkommen.

Zur Paarung versammeln sich große Kolonien an Land. Dann kommt es meistens zu heftigen Kämpfen zwischen den Bullen, da jeder möglichst viele Weibchen um sich scharen will. Ihren Namen verdanken die See-Elefanten, die zu den Robben gehören, ihrer rüsselartigen Nase. Beim Nördlichen See-Elefant ist die Nase übrigens noch größer. Er lebt rings um die Galapagosinseln und in der Karibik.

Ein männlicher **See-Elefant** kann bis zu 6,5 m lang und 3,5 t schwer werden.

Pinguine finden ihre Familie inmitten der riesigen Kolonie mithilfe einer ganz bestimmten Melodie.

Pinguin

Eigentlich gehören Pinguine zu den Vögeln, doch fliegen können sie nicht. Ihre Flügel haben sich im Laufe der Zeit zu Flossen umgebildet und mit ihrem stromlinienförmigen Körper sind sie perfekte Schwimmer. Sie leben nur auf der Südhalbkugel und schießen mit Spitzengeschwindigkeiten von 80 Stundenkilometern durch das eisige Meer. An Land bewegen sich Pinguine watschelnd fort oder sie rutschen auf dem Bauch übers Eis.

Schon gewusst?

Kaiserpinguine versammeln sich zur Paarung in großen Kolonien weit im Landesinneren. Nachdem das Weibchen ein Ei gelegt hat, kehrt es zurück ins Meer, um sich vollzufressen. Das Männchen brütet das Ei auf seinen Füßen und in einer wärmenden Bauchfalte zwei Monate lang aus – ohne zu fressen! Um sich vor Temperaturen von bis zu –50 Grad Celsius zu schützen, rücken die Pinguine ganz dicht zusammen. Ist das Junge geschlüpft, kehrt die Mutter zurück und füttert es mit einem Brei, den sie aus ihrem Schlund hervorwürgt. Endlich kann das Männchen auf Jagd gehen.

In der Tundra

Rentiere in Nordamerika heißen Karibus!

Die Flügelspannweite der **Schnee-Eule** beträgt rund 1,5 m.

Schnee-Eule

Ein weißes Gefieder zur Tarnung und warme, dicht befiederte Füße: Damit ist die Schnee-Eule perfekt an ein Leben in der oft schnee-bedeckten Tundra angepasst. Im Gegensatz zu anderen Eulenarten müssen Schnee-Eulen auch am Tag jagen – denn im Sommer wird es in der Arktis nicht dunkel! Meistens erbeu-ten sie kleine Nagetiere wie Lemminge oder Mäuse, denen sie sich fast lautlos im Flug nähern. Je nach Nahrungsangebot legen die Vögel bis zu zehn Eier. Gibt es zu wenig zu fressen, verzichten sie sogar ganz auf Nach-wuchs.

Während der Paarungszeit versuchen die Männchen mit lauten Rufen auf sich aufmerk-sam zu machen. Ist ein Weibchen in der Nähe, beginnt das Männchen einen Balzflug – oft mit einem toten Beutetier im Schnabel, das es als Futtergeschenk übergibt.

Rentier

Im Gegensatz zu anderen Hirscharten tragen bei den Rentieren auch die Weibchen ein Geweih. Da sie im Winter kaum noch Nahrung finden, folgen die pflanzenfressenden Säuge-tiere der Schneeschmelze und ziehen in riesigen Herden durch die arktische Tundra. Manche Herden wandern pro Jahr über 6000 Kilometer weit – das ist die längste Strecke, die Tiere an Land zurücklegen! Rentierkälber müssen bereits am Tag ihrer Geburt mit der Herde mit-laufen. Übrigens werden Rentiere in Skandinavien als Haustiere gehalten! Sie liefern Fleisch, Felle, Milch und ziehen Schlitten.

Auf der Schnauze haben **Rentiere** einen dicken Pelz, der sie bei der Nahrungssuche vor Erfrierungen schützt.

Obwohl der **Moschusochse** nur Gräser, Flechten und Moos frisst, bringt er es auf ein Gewicht von bis zu 350 kg.

Moschusochse

Moschusochsen werden auch Schafochsen genannt, da sie mit den Schafen und Ziegen nah verwandt sind. Von allen Säugetieren besitzen sie das längste Fell. Oft hängt es in langen Zotteln bis zum Boden: ein sicherer Schutz gegen Kälte, Regen und Schnee. Mit ihren spitzen Hörnern kämpfen sie gegen Rivalen oder verteidigen sich gegen angreifende Wölfe. Dabei bilden sie einen Kreis und nehmen die Jungtiere schützend in die Mitte.

Schon gewusst?

Der vor allem früher oft als Parfüm und Seife verwendete Moschusduft stammt vom Moschushirsch, der in Asien lebt. Da die männlichen Moschusochsen zur Paarungszeit jedoch einen ähnlich starken Geruch verströmen, haben sie sich ihren Namen durchaus verdient.

Vielfraß

Das rund einen Meter lange Säugetier aus der arktischen Tundra sieht zwar aus wie ein kleiner Bär, ist jedoch ein Marder. Bei Kälte und Schnee schützt ihn ein wärmendes Fell und eine feste Haut zwischen seinen Zehen verhindert, dass er beim Gehen einsinkt. Er frisst alles Mögliche: Beeren, Insekten, Vogeleier, junge Rentiere und auch Aas. Doch seinen Namen verdankt der Vielfraß nicht seinem reichhaltigen Speiseplan, sondern dem altnordischen Wort „Fjellfräs", das so viel wie „Gebirgskatze" bedeutet.
Vor allem die Männchen haben riesige Reviere, die sie durchstreifen und mit Duftmarken, Kot und Kratzspuren kennzeichnen. Muss der Vielfraß einen Eindringling vertreiben, versprüht er eine stinkende Flüssigkeit – bis zu drei Meter weit!

Der **Vielfraß** hat ein sehr kräftiges Gebiss, mit dem er selbst Knochen locker durchbeißen kann.

Wüste, Savanne, Steppe und Grasland

Endlose Sandflächen, heftige Stürme, extreme Hitze von über 50 Grad Celsius am Tag, eiskalte Nächte und manchmal jahrelang kein Niederschlag: Die Wüsten ober- und unterhalb des Äquators sind unwirtliche Lebensräume, in denen kaum Pflanzen wachsen. Die Tiere haben im Lauf der Jahrmillionen ausgeklügelte Strategien entwickelt, um mit diesen Lebensbedingungen zurechtzukommen.

In Steppen und Graslandschaften wie der nordamerikanischen Prärie oder der Pampa in Südamerika regnet es öfter. Hier wachsen neben Gras und niedrigen Sträuchern vereinzelt sogar Bäume. In der afrikanischen Savanne richten sich die Tiere auf die längeren Regen- und Trockenzeiten ein. In Dürreperioden nehmen sie kilometerlange Wanderungen auf sich, um an eine Wasserstelle zu gelangen.

In der Wüste

Chamäleon

Eine klebrige Zunge, die länger
ist als der gesamte Körper?
Da Chamäleons viel langsamer
als ihre Beutetiere sind, warten sie, bis ein
Insekt in ihre Nähe kommt, und schleudern
blitzschnell ihre lange Zunge hervor. Dabei
zielen sie auf den Kopf der Beute, um einen
Gegenangriff zu verhindern.
Die meisten Chamäleonarten leben in Afrika
und sind perfekt an ein Leben auf Bäumen
angepasst: Ihre Füße sehen aus wie Greifzangen – ideal, um Äste zu umklammern. Die
Kriechtiere sind oft grünlich oder bräunlich
gefärbt und fallen in den Baumkronen kaum
auf. Da sie ihre Augen unabhängig voneinander bewegen können, haben sie selbst in
Lauerstellung den perfekten Rundumblick.
Bis zu einen Kilometer weit sehen sie alles
scharf!
Die kleinste Art ist so lang wie ein Streich-
holz, das Riesenchamäleon wird über 60 Zentimeter groß. Sind sie wütend, ängstlich
oder werben um ein Weibchen, wechseln
Chamäleons schlagartig ihre Farbe.

Skorpion

Der Giftstachel scheint ein erfolgreiches
Überlebenskonzept zu sein, denn Skorpione
gibt es schon seit rund 350 Millionen Jahren.
Der Stachel befindet sich am Schwanzende
und wird vor allem zur Verteidigung, manchmal auch bei der Jagd eingesetzt. Nur wenige
Skorpionarten sind auch für den Menschen
gefährlich.
Skorpione gehören zu den Spinnentieren. Wie
die Spinnen haben sie acht Beine. Ihr Körper
ist durch einen festen Panzer vor dem Aus-
trocknen in heißen Gegenden gut geschützt.
Obwohl sie bis zu acht Augen haben, sehen
Skorpione eher schlecht. Doch können sie
mit sensiblen Tastorganen und feinen Körper-
härchen Bewegungen am Boden und in der
Luft wahrnehmen. So spüren die bewaffneten
Jäger Insekten oder Spinnen auf und überwältigen sie mit ihren kräftigen Greifscheren.

Die jungen **Skorpione** bleiben nach der Geburt ein
paar Tage auf dem Rücken der Mutter.

Die **Zungenspitze** ist verbreitert –
so kann das Chamäleon seine Beute
gut greifen.

Das Kamel und der Mensch

Da Kamele mit Hitze, wenig Wasser und kaum Nahrung gut zurechtkommen, werden sie schon seit vielen Tausend Jahren in heißen und trockenen Gegenden als Haustiere gehalten. Sie liefern Milch, Wolle, Leder und Fleisch, ihr Kot wird als Brennmaterial verwendet und sie eignen sich hervorragend als Last- und Reittiere.

Finden **Trampeltiere** eine Wasserstelle, können sie über 100 l auf einmal trinken.

Pillendreher

Die alten Ägypter verehrten den Pillendreher. Sie meißelten seine Gestalt in Stein und fertigten daraus Schmuck oder Grabbeilagen für ihre Pharaonen. Für sie war der kleine Käfer, der auch Skarabäus genannt wird, ein Sinnbild für die Auferstehung. Wie alle Mistkäfer ernähren sich Pillendreher von Tierkot. Doch haben sie eine spezielle Taktik: Sie formen aus dem Dung große Kugeln und vergraben sie im Boden. Nun legen die Weibchen ihre Eier hinein. So haben die frisch geschlüpften Larven genügend zu fressen. Irgendwann verpuppen sie sich und krabbeln als fertig entwickeltes Insekt an die Oberfläche. Pillendreher leben vor allem in Afrika, aber auch im Süden Europas.

Trampeltier

Das Trampeltier ist ein Kamel mit zwei Höckern. Wild leben Trampeltiere nur noch in abgelegenen Wüsten in Asien. Wie alle Kamele sind sie perfekt an diesen kargen Lebensraum angepasst: Ihre Nasenlöcher sind bei Sandstürmen verschließbar und mit den breiten Füßen versinken sie nicht im Sand. Sie können bis zu zwei Wochen ohne Wasser auskommen, fressen dornige Pflanzen, schwitzen kaum und verlieren auch über ihren Kot und Urin fast kein Wasser. In Notzeiten zehren die großen Säugetiere von den Fettreserven in ihren Höckern.

Die Verwandten der Trampeltiere, die Dromedare, haben nur einen Höcker. Wild lebende Dromedare gibt es nicht mehr.

Pillendreher rollen die Dungkugel kopfüber mit den Hinterbeinen. Beim Eingraben sind oft zwei Käfer beschäftigt.

In der Wüste

Dornteufel

Vorsicht, ich bin ungenießbar! Der in Australien verbreitete Wüsten- oder Dornteufel trägt spitze Stacheln an seinem ganzen Körper, um Angreifer abzuschrecken. Durch die spezielle Färbung seiner Haut ist er zudem gut auf dem kargen Sandboden getarnt. Er selbst frisst Ameisen und Termiten. Oft lauert er stundenlang vor ihrem Nest und erbeutet einzelne Insekten mit seiner klebrigen Zunge. Um satt zu werden, muss er allerdings rund 2000 Ameisen am Tag fangen!

Da Wasser in der Wüste rar ist, hat das etwa 20 Zentimeter lange Reptil eine spezielle Methode entwickelt: Nach den kalten Nächten sammelt sich Morgentau zwischen den Stacheln. Senkt die Echse den Kopf, fließen die Tropfen über Furchen auf seinem Körper direkt ins Maul.

Der **Dornteufel** hat lange Beine, damit sein Körper den heißen Wüstensand nicht berührt.

Riesenwarane sind schnelle Läufer. Sie jagen Insekten, kleinere Kriechtiere sowie Vögel.

Riesenwaran

Sie leben in Australien, sind giftig und sehen aus wie Drachen aus einer anderen Zeit. Und tatsächlich existieren die über zwei Meter langen Riesenwarane bereits seit über 130 Millionen Jahren. Warane gehören zu den Echsen, doch sie „züngeln" wie die Schlangen, um den Geruch von Beutetieren mit ihrer gespaltenen Zunge wahrzunehmen. Manche Arten können bis zu zwei Kilometer weit riechen! Noch größer als der Riesenwaran ist der Komodowaran, der vor allem auf der asiatischen Insel Komodo vorkommt. Er ist ebenfalls giftig und wird bis zu drei Meter lang: das größte Gifttier der Erde! Komodowarane jagen auch massige Beutetiere wie Büffel und können selbst dem Menschen gefährlich werden.

Warane riechen wie die Schlangen mit der Zunge und ihr Biss ist giftig!

Oryxantilopen leben meist in großen Herden von bis zu 100 Tieren zusammen.

Oryxantilope

Da die Oryxantilope lange, spitze Hörner trägt, wird sie auch „Spießbock" genannt. Die Hörner sind eine gefährliche Waffe gegen Fressfeinde oder bei Revierkämpfen und können bei den männlichen Tieren über einen Meter lang werden. Wegen ihrer Hörner wurden die Säugetiere stark gejagt und sind in vielen Gegenden bereits ausgestorben. Doch man versucht, sie in ihren ursprünglichen Lebensräumen wieder anzusiedeln. Oryxantilopen kommen auch in der afrikanischen Wüste Namib vor, der ältesten Wüste der Welt. Sie können bis zu zwei Wochen ohne Wasser auskommen und wandern auf der Suche nach Gräsern und Sträuchern oft Hunderte von Kilometern weit.

Der Esel und der Mensch

Bereits vor mehreren Tausend Jahren wurden Esel gezähmt. Sie stammen vom Afrikanischen Wildesel ab und kommen wie dieser mit wenig Nahrung gut zurecht, sind zäh und ausdauernd. Deshalb werden Hausesel vor allem in trockenen, heißen Gebieten gehalten. Sie tragen Lasten, dienen als Reittier oder liefern Fleisch. Kreuzt man einen männlichen Esel (Hengst) mit einem weiblichen Pferd (Stute), entsteht ein Maultier – im umgekehrten Fall ein Maulesel. Beide werden als Lasttiere eingesetzt.

Wildesel

Schneller als das beste Rennpferd! Wildesel erreichen im Galopp bis zu 80 Stundenkilometer. Dabei geben ihnen ihre hohen Hufe selbst auf steinigem und steilem Untergrund perfekten Halt. Sie können damit aber auch schmerzhafte Tritte austeilen. Mit ihren langen, beweglichen Ohren hören die Säugetiere sehr gut.

Der Afrikanische Wildesel lebt in der Savanne und ist vom Aussterben bedroht.

In der afrikanischen Savanne

Elefant

Elefanten wiegen so viel wie sieben Klein-wagen! Die Afrikanischen Elefanten, die in der heißen Savanne leben, sind mit einer Schul-terhöhe von 3,5 Metern die größten Land-säugetiere der Erde. Sie haben im Gegensatz zu den Waldelefanten und den Asiatischen Elefanten sehr große Ohren, über die sie Körperwärme abgeben können.

Der Rüssel verfügt über 40 000 Muskeln und ist ein wahres Allzweckwerkzeug: Mit ihm saugen die Dickhäuter literweise Wasser auf, um es sich in den Mund zu spritzen, sie pflücken Blätter von den Bäumen, sie atmen, riechen, unterhalten sich oder tasten damit. Die Stoßzähne werden im Kampf gegen Rivalen eingesetzt oder um Wurzeln auszu-graben. Da die Stoßzähne aus wertvollem Elfenbein sind, werden Elefanten trotz Ver-boten auch heute noch gejagt und sind des-wegen vor allem in Asien stark bedroht.

Afrikanische Elefanten leben in Herden, die von einer erfahrenen Leitkuh angeführt werden.

Das vordere Horn des afrikanischen Breitmaul-Nashorns kann über 1 m lang werden.

Nashorn

Weil Menschen glaubten, aus dem Horn könne man ein Allheilmittel gewinnen, wurden Nas-hörner stark gejagt und standen kurz vor dem Aussterben. Dabei sind die Hörner nichts anderes als fest miteinander verklebte Haare. Manche Nashornarten tragen ein, andere zwei Hörner. Sie dienen den Pflanzenfressern als Waffe gegen Angreifer. Wird ein Horn ver-letzt, wächst es nach. Da die massigen Säuge-tiere in der heißen Savanne leicht einen Hitz-schlag bekommen können, kühlen sie sich oft im Wasser ab oder wälzen sich im Schlamm, der im getrockneten Zustand zudem einen guten Sonnenschutz bietet.

Erwachsene Elefanten und Nashörner haben außer dem Menschen keine natürlichen Feinde.

Mit ihren großen Augen können **Giraffen** sehr gut sehen. Droht Gefahr, flüchten sie im schnellen Galopp.

Giraffe

So hoch wie kein anderes Tier! Wenn Giraffen ihren Hals strecken, erreichen sie Baumkronen in sechs Meter Höhe. Sie haben eine ledrige Zunge, mit der sie nach den dornigen Blättern der Akazienbäume greifen. Beim Trinken ist der lange Hals jedoch eher hinderlich: Die Säugetiere spreizen ihre Vorderbeine so weit auseinander, bis sie mit dem Kopf die Wasseroberfläche erreichen. Eine gefährliche Situation, denn am Wasser lauern oft Raubtiere!

Jungtiere werden übrigens im Stehen geboren und fallen erst einmal zwei Meter tief zu Boden. Sie sind bereits so groß wie ein erwachsener Mensch und können ein paar Stunden später schon rennen.

Zebra

Während der Trockenzeit ziehen Zebras in großen Herden durch die Savanne auf der Suche nach Wasser und Gras. Ihr Streifenmuster ist dabei ein guter Schutz, denn Raubtiere wie Löwen oder Hyänen können einzelne Tiere innerhalb der Gruppe nur noch schlecht erkennen. Manche Wissenschaftler halten es für möglich, dass die Zebras durch ihre Streifen vor Moskitos geschützt sind, die sich eher auf einheitlich gefärbten Tieren niederlassen und beim Blutsaugen gefährliche Krankheiten übertragen. Übrigens hat jedes Zebra seine ganz eigene Streifenzeichnung. Daran erkennen sich die Tiere auch untereinander.

Werden Zebras verfolgt, flüchten sie mit Geschwindigkeiten von bis zu 65 Stundenkilometern. Einem Angreifer können die Säugetiere schlimme Bisswunden zufügen und harte Tritte mit ihren scharfkantigen Hufen austeilen.

Zebras sind mit den Pferden verwandt und kommen nur in Afrika vor.

In der afrikanischen Savanne

Geparde sind Einzelgänger. Doch manchmal machen Geschwister gemeinsam Jagd auf Antilopen, Gazellen oder junge Zebras.

Gepard

Muskulös, schmal und leicht, lange Beine und eine sehr bewegliche Wirbelsäule: der ideale Körperbau für das schnellste Tier der Welt! Geparden erreichen bei der Jagd Rekordgeschwindigkeiten von 110 Stundenkilometern – damit würden sie das Tempolimit auf Bundesstraßen überschreiten.
Im Gegensatz zu anderen Raubkatzen können Geparden ihre Krallen nicht einziehen. Beim Sprint bohren sie sich in die Erde und sorgen für eine gute Bodenhaftung. Ihr langer Schwanz hilft den Geparden, das Gleichgewicht zu halten. Hat die Großkatze ihr Beutetier eingeholt und zu Fall gebracht, beißt sie ihm in die Kehle, bis es erstickt. Danach muss sie sich erst einmal von ihrem Sprint erholen, bevor sie mit dem Fressen beginnt. Geparde leben vor allem in Afrika, in Asien sind sie heute fast ganz ausgerottet.

Löwe

Wenn ein zwei Meter langer Löwe mit ausgeprägter Mähne laut brüllt, ist nachvollziehbar, warum er auch König der Tiere genannt wird. Im Gegensatz zu allen anderen Katzenarten leben Löwen in Rudeln: Die Männchen verteidigen das Revier der Gruppe und verjagen fremde Löwen oft mit lautem Gebrüll. Die Weibchen ziehen die Jungen groß und gehen gemeinsam auf Jagd. Dabei umzingeln sie ihre Beute und schleichen sich lautlos heran. Mit dem hellbraunen Fell sind die Säugetiere im Savannengras gut getarnt. Eine Löwin scheucht das überraschte Tier auf und treibt es den anderen zu. Zum Fressen kommt die ganze Gruppe zusammen.

Nur die männlichen Löwen tragen eine Mähne.

Ein **Straußenei** wiegt fast 2 kg. Es ist das größte Vogelei der Erde!

Strauß

Der größte Vogel der Erde kann nicht fliegen. Doch wenn sich ein Raubtier nähert, kann der bis zu drei Meter hohe Strauß mit Riesenschritten sehr schnell rennen. Wird er angegriffen, wehrt er sich mit seinen gewaltigen Krallen.

Ein Männchen paart sich meist mit mehreren Hennen. Die Haupthenne legt rund zehn Eier in eine Erdmulde und brütet oft auch Eier von Nebenhennen mit aus. Nachts übernimmt das schwarz gefärbte Männchen die Brutpflege. Denn es ist im Dunkeln besser getarnt als das graubraune Weibchen, das tagsüber unauffälliger ist. Die frisch geschlüpften Küken wachsen sehr schnell: Schon nach einem halben Jahr sind sie so groß wie ein erwachsener Strauß!

Schon gewusst?

Wenn im afrikanischen Kenia die Flusspferde nach ihrem nächtlichen Landausflug ins kühle Nass zurückkehren, werden sie bereits erwartet. Karpfenähnliche Fische folgen den Kolossen und hoffen auf Flusspferddung. Zudem knabbern sie lästige Parasiten von der Haut und schwimmen in die riesigen geöffneten Mäuler, um sich über Essensreste herzumachen. Solche nützlichen Lebensgemeinschaften nennt man Symbiose.

Flusspferd

Trotz ihres Namens sind sie nicht mit den Pferden verwandt. Um ihre Haut vor der brennenden Sonne Afrikas zu schützen, verbringen Flusspferde fast den ganzen Tag im Wasser. Oft schauen nur die Augen, Ohren und Nasenlöcher heraus. Sie haben Schwimmhäute zwischen den Zehen und können sich damit gut im Wasser fortbewegen. Nachts gehen die schweren Säugetiere an Land, um riesige Mengen an Gras zu fressen. Meistens leben sie in Gruppen zusammen – so können die Jungtiere nicht so leicht von Krokodilen oder Löwen angegriffen werden.

Flusspferde werden auch Nilpferde genannt. Sie können 5 m lang und über 4 t schwer werden.

In der südamerikanischen Pampa

Pampashase

Sitzend ähnelt er einem Hasen, im Stehen sieht er aus wie ein kleines Huftier. Doch beides trifft nicht zu: Der Pampashase, auch Großer Mara genannt, ist ein Nagetier und mit dem Meerschweinchen verwandt.
Pampashasen leben in Argentinien (Südamerika) auf weitflächigen Busch- und Graslandschaften, der sogenannten Pampa oder Pampas. Tagsüber liegen sie in der Sonne oder sind mit der Nahrungsaufnahme beschäftigt. Sie fressen vor allem Gras, aber auch Kräuter oder junge Zweige. Müssen sie flüchten, weil sich ein Puma oder ein Fuchs nähert, können sie sehr schnell rennen. Als Unterschlupf graben sich die flinken Säugetiere tiefe Baue unter der Erde oder sie übernehmen verlassene Höhlen anderer Tiere. Dort bringt das Weibchen ein bis drei Junge zur Welt.

Der **Pampashase** hat für ein Nagetier ungewöhnlich lange Beine, wobei die Vorderbeine kürzer sind als die hinteren.

Wie der Pampashase gehören auch die **Viscachas** zu den Meerschweinchen.

Viscacha

Früher bewohnten Viscachas weite Teile der südamerikanischen Pampa. Heute sind die Nagetiere mit den beiden auffälligen schwarzen Streifen im Gesicht selten geworden. Weil sie riesige, lang gestreckte Baue unter der Erde graben und große Mengen an Gräsern vertilgen, sind sie bei den Einheimischen nicht sehr beliebt und werden stark gejagt. Ihre Erdhöhlen haben zahlreiche Kammern, verzweigte Tunnel und bis zu 30 Eingänge. Oft werden auch andere Tiere wie zum Beispiel Kröten, Insekten oder Echsen in den Bauen geduldet. Es gibt sogar Vogelarten, die in unbewohnten Kammern brüten. Viscachas leben in großen Gruppen zusammen. Die Säugetiere werden nachts aktiv, um sich auf die Nahrungssuche zu machen. Sie fressen vor allem Samen und Gräser.

> Bei uns im Wald lebt doch auch ein Tier mit einer ähnlichen Augenmaske ...!?

Ameisenbär

Sie haben eine schmale, zahnlose Schnauze und fischen mit der bis zu 60 Zentimeter langen, klebrigen Zunge Ameisen und Termiten aus den Nestern. Um besser an die Beute heranzukommen, brechen die Ameisenbären die meist betonharten Bauten auf. Dazu benutzen sie die mächtigen, gebogenen Krallen an ihren Vorderzehen. Aber auch zur Verteidigung setzen Ameisenbären ihre kräftigen Krallen ein.

Der Große Ameisenbär wird über einen Meter lang. Daneben gibt es den Kleinen Ameisenbär, der gut klettern kann, und den Zwergameisenbär, der ausschließlich auf Bäumen lebt. Alle Arten sind Säugetiere, die nur in Süd- und Mittelamerika vorkommen. Übrigens ist der Name irreführend, denn Ameisenbären sind nicht mit den Bären verwandt.

Damit sich seine Krallen beim Laufen nicht abnutzen, läuft der **Große Ameisenbär** auf seinen Knöcheln.

Schon gewusst?

Wenn auf einer Baustelle hartes Gestein aufgebrochen werden muss, wird ein Bagger mit einem Baggerzahn eingesetzt. Doch der Aufreißzahn bricht schnell. Deswegen suchten Wissenschaftler nach den stabilsten Krallen in der Natur, um diese nachzuahmen. Sie entdeckten die Kralle des Ameisenbärs: das perfekte Werkzeug zum Graben! Wenn in der Technik etwas nach dem Vorbild der Natur entwickelt wird, sprechen wir von Bionik. So wurde etwa der Klettverschluss der Klette nachempfunden, und Flugzeugbauer orientierten sich am Vogelflug!

Nandu

Mit ihrem langen Hals und den großen Augen überblicken Nandus die offene Grassteppe Südamerikas. Droht Gefahr, rennen die flugunfähigen Laufvögel blitzschnell davon. Während der Paarungszeit führt der Hahn einen Balztanz mit ausgebreiteten Flügeln auf – begleitet von lauten Rufen. Wie die afrikanischen Strauße werden Nandus zunehmend wegen ihres Fleisches gezüchtet.

Bei den **Nandus** brütet das Männchen die Eier aus und zieht die Jungen groß.

In der nordamerikanischen Prärie

Bison

Früher lebten mehrere Millionen Bisons in ganz Amerika und zogen in riesigen Herden durch die Prärie auf der Suche nach neuen Weideflächen. Doch dann kamen die Europäer und rotteten die wilden Rinder fast vollständig aus. Heute gibt es noch rund 30 000 Bisons, geschützt in den Nationalparks. Mehrere Kühe leben mit ihren Jungen, den Kälbern, zusammen. Zur Brunftzeit schließen sich männliche Tiere (Bullen) den Gruppen an. Oft liefern sie sich heftige Kämpfe um die paarungswilligen Kühe und rennen mit gesenkten Köpfen aufeinander zu. Wie alle Rinder sind Bisons Wiederkäuer: Sie haben mehrere Mägen und würgen bereits vorverdautes Gras wieder hoch, um es noch einmal zu kauen. So können sie auch Pflanzenteile verwerten, die andere Säugetiere nicht verdauen können.

Obwohl sie fast 1 t schwer werden, können Bisons schnell rennen und gut schwimmen.

Manche Gürteltierarten können sich bei Gefahr sogar zu einer perfekten Kugel zusammenrollen (rechts).

Gürteltier

Sie sehen ein bisschen aus wie riesige Kellerasseln und sind wahre Überlebenskünstler. Gürteltiere gibt es bereits seit vielen Millionen Jahren auf der Erde. Ihr dicker Rückenpanzer schützt sie vor Raubtieren, nur am Bauch sind sie verletzbar. Werden sie angegriffen, ziehen sie einfach ihre Beine unter den Panzer und drücken sich ganz fest auf die Erde. Nachts werden sie aktiv, verlassen ihren Bau und graben mit den kräftigen Krallen im Boden nach Insekten, Würmern und Schnecken. Sie haben einen guten Geruchssinn und riechen ihre Beute, selbst wenn sich diese viele Zentimeter unter der Erde befindet!
Muss ein Gürteltier einen Fluss überqueren, dann hält es entweder die Luft an und läuft am Grund entlang ans andere Ufer. Oder es pumpt seinen Magen und Darm voll mit Luft. Ein guter Trick! Denn so gewinnt das Säugetier Auftrieb und schwimmt auf der Wasseroberfläche.

Bevor das **Stinktier** einen Feind anspritzt, droht es ihm, indem es seinen Schwanz aufstellt.

Schon gewusst?

Die Klapperschlange gehört zu den Gruben-ottern. Das sind Giftschlangen, die mit ihrem Grubenorgan am Kopf Wärmestrahlung wahrnehmen. Sie spüren die Körperwärme von Beutetieren und können so auch bei völliger Dunkelheit jagen. Zudem verfügen Schlangen über das Jacobsonsche Organ, das im Oberkiefer liegt. Es erfasst die Gerüche, die das Tier beim Züngeln mit der gespaltenen Zunge aufnimmt.

Stinktier

Wer dieses Tier angreift, bekommt einen Geruch verpasst, den er nie wieder vergisst! Stinktiere, auch Skunks genannt, besitzen an ihrem Hinterteil zwei Drüsen, aus denen sie eine unerträglich stinkende Flüssigkeit verspritzen können. Dabei treffen sie ihren Angreifer über mehrere Meter hinweg mitten ins Gesicht. Die auffällig schwarz-weiße Fellzeichnung der Skunks soll Fressfeinden schon im Vorfeld eine Warnung sein. Die mit den Mardern verwandten Raubtiere sind Allesfresser und leben in selbst gegrabenen Höhlen oder übernehmen Baue anderer Tiere.

Klapperschlange

Wie alle Reptilien muss sich die Klapperschlange regelmäßig häuten, da ihre Haut nicht mitwächst. Allerdings häutet sie sich nicht komplett, sondern behält die Hornringe am Schwanzende, die im Lauf der Zeit eine Art Rassel bilden. Fühlt sich die Giftschlange bedroht, klappert sie mit ihrer Schwanzrassel. Zieht sich der Angreifer nicht zurück, beißt sie zu. Ihr Biss ist auch für Menschen tödlich. Bei geschlossenem Maul sind ihre Giftzähne nach hinten geklappt.

Klapperschlangen jagen vor allem Mäuse, Vögel und Eidechsen.

Das Sekret der Stinktiere brennt auf der Haut, kann kurzzeitig sogar blind machen und stinkt tagelang!

In der asiatischen Steppe

Bei Gefahr können Saiga-Antilopen bis zu 80 km/h schnell flüchten.

Saiga-Antilope

Eine Antilope mit Rüssel? Die riesige Nase der Saiga-Antilope sieht ungewöhnlich aus, ist aber für das Überleben in der Steppe sehr nützlich. In den Sommermonaten kühlt sie die heiße Außenluft ab und im Winter wird die eiskalte Luft im Inneren der Nase vorgewärmt. Auf der Suche nach fressbaren Pflanzen legen die Säugetiere lange Wanderungen zurück. Außer dem Wolf ist der Mensch ihr größter Feind. Da das Fleisch und die Hörner der männlichen Tiere begehrt sind, werden sie stark gejagt. Früher haben sich jedes Frühjahr riesige Herden getroffen, um gemeinsam ihre Kälber zur Welt zu bringen. Heute versuchen Tierschützer die Saiga-Antilope vor dem Aussterben zu retten.

Vierzehenschildkröte

Im Winter ist es in der Steppe feucht und eiskalt. Deswegen hält die Vierzehen- oder Steppenschildkröte Winterschlaf. Mit ihren vier scharfen Krallen an den Vorderbeinen gräbt sie sich meterlange Höhlen unter der Erde und verkriecht sich. Da es in den heißen Sommermonaten kaum Nahrung gibt, zieht sich die Landschildkröte erneut zurück. Zwischen Winter- und Sommerruhe muss sie die Pflanzenfülle nutzen: Sie frisst, wächst und paart sich. Wie bei den meisten Schildkröten legt das Weibchen Eier in eine Sandgrube. Nach ein paar Wochen brechen die Jungen die Schale mit einem speziellen Eizahn auf. Obwohl es verboten ist, werden die vom Aussterben bedrohten Vierzehenschildkröten oft gefangen und als Haustiere gehalten.

Bei Gefahr zieht sich die Vierzehenschildkröte vollständig in ihren schützenden Panzer zurück.

Auf der Suche nach neuen Weideflächen legen Przewalski-Pferde oft weite Wanderungen zurück.

Perlziesel

Aufrecht stehend auf den Hinterbeinen hält das Perlziesel Ausschau nach Raubtieren. Droht Gefahr, stößt das kleine Säugetier laute Pfiffe aus. Alle Familienmitglieder sind gewarnt und verschwinden blitzschnell in ihrem unterirdischen Bau: einem weit verzweigten Tunnelsystem mit vielen Kammern sowie einem Haupt- und mehreren Seiteneingängen. Im Gegensatz zu anderen Erdhörnchen legen Perlziesel keine Nahrungsvorräte an. Um die kalten, nahrungsarmen Monate zu überstehen, verschließen die Nagetiere ihr Nest mit Erde und halten Winterschlaf. Im Frühjahr erwachen sie und bringen kurze Zeit später ihre Jungen zur Welt.

Tagsüber gehen Perlziesel auf Nahrungssuche. Sie fressen Gräser, Samen, manchmal auch Insekten.

Przewalski-Pferd

Eigentlich waren die Przewalski-Pferde in den 1970er-Jahren weltweit ausgestorben. Doch überlebten einige Tiere in Zoos und wurden schließlich in ihrem ursprünglichen Lebensraum in der Mongolei erfolgreich wieder angesiedelt. Przewalski-Pferde sind die einzigen heute noch existierenden Wildpferde. Bei den wild lebenden Mustangs in Amerika handelt es sich um verwilderte Hauspferde.

Das Pferd und der Mensch

Aus dem Przewalski-Pferd wurde vor mehreren Tausend Jahren das Hauspferd gezüchtet. Das Leben der Menschen veränderte sich dadurch sehr. Plötzlich konnte man weite Strecken zurücklegen, sogar in andere Länder reisen. Mit der Erfindung der Dampfmaschine verlor das Pferd als Zug- und Arbeitstier an Bedeutung. Vor rund hundert Jahren wurde das tierische Fortbewegungsmittel vom Auto abgelöst. Heute gibt es vor allem noch Reit- und Freizeitpferde. Die Leistung eines Motors wird aber immer noch in Pferdestärken (PS) angegeben.

Busch und Grasland Australiens

Känguru

Zehn Meter weit und drei Meter hoch können manche Kängurus springen! Allerdings leisten sie das nur, wenn sie auf der Flucht sind. Alle Känguru-Arten leben in Australien. Einige sind so klein wie Hasen, das Rote Riesenkänguru misst zwei Meter.

Während der Paarungszeit liefern sich die männlichen Tiere oft heftige Kämpfe: Sie beißen sich, boxen mit ihren Vorderpfoten aufeinander ein und treten sich mit den kräftigen Hinterbeinen. Kängurus sind Pflanzenfresser. Sie gehören zu den Beuteltieren, die ihre Jungen in einem noch nicht fertig entwickelten Stadium auf die Welt bringen. Ein neugeborenes Känguru ist so groß wie ein Gummibärchen! Es ist nackt, blind und gehörlos. Dennoch findet es in wenigen Minuten den Weg vom Geburtskanal in den Beutel der Mutter. Dort saugt sich der Winzling mehrere Monate lang an einer der Zitzen fest, um Milch zu trinken, bis das junge Säugetier zum ersten Mal den Beutel verlässt.

Beim Springen sorgt der lange Schwanz für das Gleichgewicht, in aufrechter Stellung dient er dem **Känguru** als Stütze.

Emu

Der in Australien heimische Emu ist nach dem afrikanischen Strauß der zweitgrößte Vogel der Welt. Er bewohnt Steppen, trockenes Grasland, aber auch Wälder und ernährt sich von Früchten, Samen, Gras, Blättern und Insekten. In Trockenperioden legen die großen Laufvögel oft weite Strecken zurück. Manchmal folgen sie den Regenwolken in der Hoffnung, so auf Wasserstellen und Nahrung zu treffen.

Zur Paarungszeit geben Emus laute Rufe von sich und führen Balztänze auf, wobei sie ihre langen Hälse hin und her bewegen. Die Weibchen legen in eine mit Blättern und Zweigen ausgelegte Mulde am Boden rund zehn Eier, die vom Männchen ausgebrütet werden. In den ersten Monaten ist das Gefieder der Küken gestreift: So sind sie besser getarnt und können nicht so leicht von Raubtieren entdeckt werden.

Emus können zwar nicht fliegen, jedoch schnell laufen und gut schwimmen.

Koalas trinken nicht, sondern decken ihren Flüssigkeitsbedarf aus den Eukalyptusblättern.

Koala

Auch wenn er aussieht wie ein Teddybär, ist der Koala kein Bär. Wie die meisten australischen Säugetiere gehört er zu den Beuteltieren. Ähnlich wie beim Känguru wächst das winzige Koalajunge im Beutel der Mutter heran und steigt nach ein paar Monaten auf ihren Rücken, bis es selbstständig ist. Doch anders als beim Känguru ist der Beutel nach unten, nicht nach oben geöffnet.

Die geschickten Kletterer verbringen ihr ganzes Leben auf Eukalyptusbäumen: Dort fressen sie Blätter und Triebe, schlafen bis zu 18 Stunden und paaren sich. Sie begeben sich nur auf den Boden, um den Baum zu wechseln. Früher lebten Koalas in ausgedehnten Eukalyptuswäldern, die jedoch gerodet wurden, um Ackerflächen zu gewinnen. So mussten die Beutelbären in die Steppe ausweichen.

In größeren Schwärmen können Wellensittiche nicht so leicht von Fressfeinden angegriffen werden.

Wellensittich

Da die kleinen Papageien ein wellenförmiges Muster auf ihrem grünen Federkleid haben, nennen wir sie Wellensittiche. Sie leben nur in Australien und fliegen meist in riesigen Schwärmen über das trockene Grasland, um Wasserstellen oder fressbare Samen zu finden. Wenn es nach Regenfällen viel Nahrung gibt, lassen sich die geselligen Vögel zum Brüten nieder und legen vier bis sechs Eier in Baumhöhlen.

Der Wellensittich und der Mensch

Da Wellensittiche schön bunt sind und Geräusche oder sogar die menschliche Stimme nachahmen können, sind sie weltweit beliebte Haustiere. Aus dem wild lebenden, grünen Minipapagei wurden auch blaue, gelbe, weiße und graue Vögel gezüchtet. Bei jedem Haustier ist eine artgerechte Haltung sehr wichtig: Einen Wellensittich solltest du nie alleine in einem Käfig halten, denn er fühlt sich nur in Gesellschaft seiner Artgenossen wohl.

Tropischer Regenwald

In keinem anderen Lebensraum gibt es so viele verschiedene Tierarten wie in den riesigen Regenwäldern der Tropen in der Nähe des Äquators. Da es hier fast täglich regnet, herrscht das ganze Jahr über ein feucht-warmes Klima – ideal für Tausende von Pflanzen: meterhohe Farne, leuchtend bunte Blütenpflanzen, die verschiedensten Baumarten mit bis zu 80 Meter hohen Baumriesen sowie Kletter- und Schlingpflanzen. Und alle versuchen, möglichst schnell nach oben zu wachsen, um etwas Licht in diesem immergrünen Dickicht abzubekommen.

Wie unsere Wälder ist auch der Regenwald in mehrere Stockwerke aufgeteilt. Damit sie sich gegenseitig keine Konkurrenz machen, haben sich auf jeder „Etage" andere Tierarten eingerichtet. Das meiste Leben spielt sich in den lichtdurchfluteten Baumkronen ab.

Auffällig bunt

Auch Papageien haben ein gutes Gedächtnis. Einmal ein Wort gelernt, vergessen sie es nicht mehr!

Der Rubinkehlkolibri, bei dem nur die Männchen einen roten Fleck an der Kehle haben, ist ein Zugvogel und schafft Flugstrecken von 1000 km ohne Zwischenstopp.

Kolibri

Die kleinsten Vögel der Welt sind die Kolibris. Die Bienenelfe ist kaum größer als eine Hummel und wiegt nur zwei Gramm! Kolibris sind wahre Luftakrobaten, sie können wie ein Hubschrauber in der Luft stehen bleiben, blitzschnell vorwärts, seitwärts und sogar rückwärts fliegen. Dabei schlagen sie so schnell mit den Flügeln, dass wir die Bewegung mit bloßem Auge gar nicht wahrnehmen können. Da die Leichtgewichte im Schwirrflug viel Energie verbrauchen, müssen sie ständig Nahrung aufnehmen: täglich das Zweifache ihres eigenen Körpergewichtes! Sie fliegen von Blüte zu Blüte und saugen mit ihren langen Zungen zuckerhaltigen Nektar.
Kolibris kommen ausschließlich in Amerika vor, sie leben im Regenwald wie auch in Halbwüsten oder in kälteren Gebieten.

Blauer Morphofalter

In den Baumkronen des südamerikanischen Regenwaldes lebt der bis zu 20 Zentimeter große Morphofalter. Um Weibchen zu beeindrucken, haben die Männchen leuchtend blaue Flügel. Doch entsteht die kräftige Farbe nicht durch farbige Schuppen wie bei anderen Schmetterlingen, sondern durch einen optischen Trick: Das Sonnenlicht bricht sich an winzigen Rillen auf den Flügeln des Insekts und erzeugt einen blauen Farbeindruck. Klappt der Schmetterling seine Flügel zusammen, ist er unauffällig braun und Flecken werden sichtbar, die wie Augen aussehen und Fressfeinde abschrecken.

Nur mit geöffneten Flügeln zeigt der Morphofalter seine schillernd blaue Farbe.

Mit ihren vier kräftigen Zehen können sich Papageien gut im Geäst festhalten.

Papagei

Die meisten Papageien haben ein buntes Gefieder und leben in größeren Gruppen im Regenwald. Ihr kräftiger Hakenschnabel ist ein Allzweckwerkzeug: Er kann die härtesten Nüsse knacken, wird zum Klettern benutzt, bei der Gefiederpflege und beim Aushöhlen von Nistlöchern. Der größte Papagei ist der über einen Meter lange Hyazinth-Ara, der kleine Spechtpapagei wird nicht mal zehn Zentimeter groß.

Schon gewusst?

Die Indianer Südamerikas nutzen das Hautgift der Frösche für die Jagd. Bei sehr giftigen Pfeilgiftfröschen brauchen sie nur die Spitzen ihrer Pfeile über die Froschhaut zu reiben. Bei den weniger giftigen Arten werden die Tiere aufgespießt über das offene Feuer gehalten, um das Gift zu gewinnen.

Pfeilgiftfrosch

„Vorsicht! Ich bin giftig!" Mit ihrer leuchtend bunten Färbung signalisieren die Pfeilgiftfrösche ihren Feinden, dass sie ungenießbar oder sogar giftig sind. Und tatsächlich zählen die zwischen einem und fünf Zentimeter großen Froschlurche zu den giftigsten Tieren der Erde! Allerdings können sie das Gift nicht selbst herstellen, sondern gewinnen es, indem sie leicht giftige Ameisen oder Tausendfüßer fressen. Nach und nach sammeln die Frösche das Gift in ihrem Körper an und können es konzentriert über die Haut ausscheiden.

Pfeilgiftfrösche werden auch Baumsteiger genannt, da sie teilweise hoch oben in den Baumkronen des mittel- und südamerikanischen Regenwaldes leben. Zum Trinken suchen sie oft trichterförmige Pflanzen auf, die in den Bäumen wachsen und Regenwasser sammeln.

Der nur schwach giftige Blaue Pfeilgiftfrosch lebt meist am Boden des Regenwaldes und jagt kleine Insekten.

In den Bäumen zu Hause

Faultier

In den Baumkronen des südamerikanischen Regenwaldes sind sie ideal getarnt: In ihrem Fell wachsen grünliche Algen und außerdem bewegen sich die Faultiere extrem langsam. Ein guter Trick! So werden sie von Raubtieren nicht erkannt und können in aller Ruhe Blätter, Früchte und Knospen fressen. Die langen, gebogenen Krallen sind perfekte Haken, um den ganzen Tag kopfüber an einem Ast zu hängen. Auch im Schlaf fallen die bedächtigen Säugetiere nicht vom Baum. Und selbst der Nachwuchs kommt hoch oben in den Bäumen zur Welt.

Jeder **Tukan** hat ein einzigartiges Farbmuster auf seinem Schnabel.

Tukan

Zwischen den bunten Früchten und Blüten, die in den Baumkronen des südamerikanischen Regenwaldes wachsen, ist der prachtvoll gefärbte Tukan ideal getarnt. Weit oben in den Bäumen sucht er nach Früchten, Insekten und kleinen Echsen oder nach Baumhöhlen, um zu nisten. Da der Spechtvogel nicht so gut fliegen kann, bewegt er sich meistens hüpfend von Ast zu Ast.
Besonders auffällig ist der mächtige Schnabel. Er kann über 20 Zentimeter lang werden und ist dennoch ganz leicht, denn er ist innen hohl. Man vermutet, dass der Tukan an heißen Tagen über seinen Schnabel überschüssige Körperwärme abgeben kann. Zum Schlafen legt er ihn einfach auf den Rücken.

Für einen guten Rundumblick können **Faultiere** ihren Kopf um 180 Grad drehen.

Auch Elefanten geben auf eine besondere Weise Wärme ab: über die Ohren!

Tagsüber hängen **Flughunde** meist kopfüber am Baum, erst nachts werden sie aktiv.

Flughund

Das größte fliegende Säugetier der Erde ist der in Afrika und Asien heimische Flughund. Wenn er seine Flughaut ausbreitet, erreicht er eine Spannweite von rund 1,7 Metern. Anders als ihre Verwandten, die Fledermäuse, orientieren sich Flughunde nicht mithilfe des Echos, sondern nutzen ihre Augen und ihren Geruchssinn bei der Nahrungssuche. Dabei legen sie oft bis zu 50 Kilometer zurück, um süße Früchte zu finden.

Schon gewusst?

In den Bäumen des tropischen Regenwaldes leben auch Flugfrösche. Mit Haftscheiben an den Finger- und Zehenenden können sie gut klettern. Haben sie es eilig oder müssen schnell fliehen, spannen sie ihre großen Flughäute zwischen den Fingern und Zehen auf und segeln durch die Luft – bis zu 20 Meter weit!

Orang-Utan

Mit ihren langen kräftigen Armen sind die Orang-Utans in Südostasien ideal an ein Leben in den Bäumen angepasst. Geschickt hangeln sich die Menschenaffen mit dem zottelig roten Fell von Ast zu Ast, um an reife Früchte, junge Triebe, Insekten oder Vogeleier zu gelangen. Die Füße mit den langen, beweglichen Zehen setzen sie dabei wie Hände ein. Die Männchen haben einen Kehlsack, der sich aufbläht, wenn das Tier brüllt. So machen sie auf ihr Revier aufmerksam oder wollen Weibchen beeindrucken.

Wie wir Menschen gehören auch die Menschenaffen zu den Säugetieren. Orang-Utans sind meist als Einzelgänger unterwegs. Alle vier bis acht Jahre bringt ein Weibchen ein Junges zur Welt. Die Jungtiere bleiben die ersten Jahre ganz dicht bei der Mutter. So lernen sie am besten, sich im Urwald zurechtzufinden.

Orang-Utans leben auf den beiden asiatischen Inseln Borneo und Sumatra.

In Wassernähe

Schlangen können ihren Kiefer aushängen, um große Tiere zu verschlingen.

Eine **Anakonda** kann sogar einen Kaiman überwältigen, indem sie ihn erwürgt.

Krokodil

In den Flüssen und Sumpfgebieten der Regenwälder lauern die größten Reptilien der Erde auf Beute. Dabei liegen oft nur die Augen und die Nasenlöcher der Krokodile über der Wasseroberfläche, ihr langer, gepanzerter Körper ist untergetaucht. Nähert sich ein Tier, schnappt die Riesenechse blitzschnell mit ihrem kräftigen Kiefer zu, drückt die Beute unter Wasser und ertränkt sie. Krokodile fressen Wasservögel und Fische, können aber auch größere Säugetiere wie Wasserbüffel töten. Da sie mit ihren Zähnen nicht kauen können, verschlingen sie meist große Stücke auf einmal. Dabei treibt es ihnen manchmal die sprichwörtlichen „Krokodilstränen" in die Augen.

Einmal im Jahr legt das Weibchen bis zu 100 Eier in eine Sandgrube am Ufer. Wenn die Jungen schlüpfen, machen sie sich durch quäkende Laute bemerkbar und werden von der Mutter ausgegraben. Alligatoren und Kaimane zählen auch zu den Krokodilen.

Anakonda

Sie zählen zu den längsten Schlangen der Erde! Durchschnittlich messen Anakondas rund 3,5 Meter, manchmal jedoch auch bis zu neun Meter. Die langen Reptilien sind wahre Muskelpakete: Da sie anders als die Giftschlangen ihre Beute nicht durch einen Biss töten, umschlingen sie ihr Opfer und erwürgen es. Anakondas leben im südamerikanischen Regenwald. Sie sind auf Wasser angewiesen und machen Jagd auf Vögel, Fische, Wasserschweine und junge Hirsche. Wie auch die Krokodile müssen Riesenschlangen nach einer größeren Mahlzeit monatelang nichts mehr fressen.

Der **Brillenkaiman** ist ein rund 2 m langes Krokodil. Er kann 100 Jahre alt werden.

Das Meerschweinchen und der Mensch

Mit den Wasserschweinen eng verwandt sind die Meerschweinchen. Sie wurden bereits mehrere Tausend Jahre v. Chr. in Südamerika wegen ihres Fleisches gezähmt und gezüchtet (domestiziert). Erst im 16. Jh. wurden Meerschweinchen in Europa eingeführt. In Südamerika kommen die Tiere auch noch wild lebend vor.

Mit Schwimmhäuten an den Füßen und dem Paddelschwanz kann das Schnabeltier gut tauchen.

Wasserschwein

In Südamerika lebt das größte Nagetier der Erde. Das Wasserschwein, auch Capybara genannt, wird über einen Meter lang und wiegt durchschnittlich rund 60 Kilogramm. Den Tag verbringen die stämmigen Säugetiere meist im Wasser, nachts ziehen sie sich ins Dickicht in Ufernähe zurück. Sie leben in Herden zusammen und verständigen sich über Laute miteinander.

Wasserschweine fressen vor allem Gras und Wasserpflanzen.

Schnabeltier

Sie legen Eier, haben aber ein Fell und ernähren ihre Jungen mit Milch – genau wie die anderen Säugetiere, die jedoch normalerweise lebende Junge zur Welt bringen. Das Schnabeltier gehört zusammen mit dem Schnabeligel zu den Eier legenden Säugetieren.

Schnabeltiere leben nur in Australien und halten sich überwiegend in Seen und Flüssen auf. Tagsüber ruhen sie in verzweigten Höhlen in Ufernähe, nachts jagen die flinken Schwimmer Krebse, Fische, Schnecken oder Frösche. Unter Wasser verschließen sie Augen und Ohren und tasten mit ihrem empfindsamen, breiten Schnabel die Umgebung nach Nahrung ab. Während der Jagd sammeln sie die erbeuteten Tiere in den Backentaschen, erst später wird der Fang gefressen. Die Männchen haben einen Giftsporn am Hinterfuß, den sie während der Balz gegen Rivalen einsetzen.

Afrikanischer Regenwald

Ein Gorillajunges bleibt mindestens fünf Jahre bei der Mutter.

Gorilla

Sie sind die größten und schwersten Menschenaffen. Ein ausgewachsenes Männchen kann zwei Meter groß und 200 Kilogramm schwer werden. Dennoch sind Gorillas friedliche Waldbewohner, die sich ausschließlich von Pflanzen ernähren. Davon müssen sie allerdings sehr viel fressen: Ein Affe vertilgt rund 25 Kilogramm Blätter am Tag! Auf der Suche nach Nahrung streifen die Säugetiere mit dem schwarzen Fell in Gruppen durch die Wälder – angeführt von einem starken Männchen: dem Silberrücken. Wie bei allen Menschenaffen lernen die Jungen von den Erwachsenen, sich im Wald und innerhalb der Gruppe zurechtzufinden.

In Afrika gibt es verschiedene Gorilla-Arten: Die sogenannten Flachlandgorillas leben im dichten Regenwald, in Hügellandschaften und in Sumpfgebieten. Die Berggorillas bewohnen neblige Bergwälder in bis zu 4000 Meter Höhe.

Schimpanse

Wie Gorillas und Orang-Utans gehören die Schimpansen zu den Menschenaffen. Die intelligenten Säugetiere, die in Afrika leben, stellen aus Stöcken pinselartige Werkzeuge her und fischen damit Termiten aus ihrem Bau. Mit Steinen knacken sie Nüsse oder werfen nach Raubkatzen, um diese zu verjagen. Schimpansen leben in Gruppen mit 20 bis 70 Tieren. Sie können hervorragend klettern und verbringen die meiste Zeit auf Bäumen, fressen Früchte, Blätter oder Vogeleier. Manchmal jagen sie gemeinsam kleinere Affen oder sogar Antilopen. Jede Nacht bauen Schimpansen ein Schlafnest aus Ästen und Zweigen.

Weil der Mensch ihre Lebensräume massiv zerstört, sind die Schimpansen wie alle Menschenaffen stark gefährdet.

Leopard

Im hohen Gras der Savanne oder im Dickicht des Regenwaldes Afrikas und Südasiens sind Leoparden durch ihr geflecktes Fell gut getarnt. Lautlos schleichen sich die kräftigen Raubkatzen an ihre Beute heran, springen hervor und töten sie mit einem Biss in die Kehle. Mit den muskulösen Beinen und den spitzen Krallen können Leoparden gut auf Bäume klettern. Hier ruhen sie sich tagsüber oft aus oder halten nach ihren Feinden, den Löwen, Ausschau. Manchmal ziehen die kräftigen Säugetiere auch ihre Beute in eine Astgabel – so wird sie nicht von anderen Jägern gestohlen. Dabei kann ein Leopard ein Tier schleppen, das doppelt so groß ist wie er selbst! Übrigens: Leoparden mit einem schwarzen Fell nennt man Schwarze Panther.

Schon gewusst?

Von den rund 1,5 Millionen verschiedenen Tierarten, die wir weltweit bislang kennen, ist ungefähr jede vierte eine Käferart! Allein auf einem Baum im tropischen Regenwald leben schätzungsweise mehrere Hundert verschiedene Käferarten, die Forscher zum Großteil noch gar nicht entdeckt haben. Allerdings sind die meisten wesentlich kleiner als der Goliathkäfer. Die kleinsten Käfer messen nicht einmal 1 mm.

Goliathkäfer

Käfer, die größer sind als so mancher Vogel und so manches Säugetier! Der Goliathkäfer ist das schwerste Insekt der Welt und kann zehn Zentimeter lang werden, als Larve sogar 15 Zentimeter! Nur der Herkuleskäfer und der Riesenbockkäfer schlagen das Rieseninsekt mit Körperlängen von rund 17 Zentimetern. Mit ihren kleinen Krallen klettern Goliathkäfer auf Bäume und ernähren sich von deren Saft.

Die **Goliathkäfer** leben im Regenwald und in den Baumsavannen Afrikas.

Leoparden jagen Antilopen, Vögel, Schlangen und Fische.

Asiatischer Regenwald

Mit ihrer gespaltenen Zunge nimmt diese junge **Königskobra** Gerüche wahr und spürt so Beutetiere auf.

Königskobra

Wie alle Kobras richtet sich auch die Königskobra bei Gefahr auf und spreizt ihre Nackenhaut zu einer Art Schild auseinander. Dadurch wirkt das Kriechtier noch größer und bedrohlicher, als es ohnehin schon ist! Mit einer durchschnittlichen Länge von 3,5 Metern ist die Königskobra die längste Giftschlange weltweit. Es wird sogar von einzelnen Exemplaren berichtet, die über 5,5 Meter lang waren. Königskobras fressen vor allem andere Schlangen, die sie mit ihrem Gift betäuben und mit dem Kopf voran am Stück verschlingen. Ein Mensch, der von einer Königskobra gebissen wird, stirbt innerhalb von 15 Minuten.
Übrigens sind Kobras wie alle Schlangen taub. Wenn ein Schlangenbeschwörer eine Kobra mit der Flöte aus dem Korb lockt, so folgt sie seinen Bewegungen, nicht der Musik!

Tiger

Drei Meter lang und schwerer als drei erwachsene Menschen! Die größte und kräftigste Raubkatze der Erde ist der Tiger. Er kann sogar massige Beutetiere wie Wildrinder und Hirsche überwältigen, die er mit seinen langen, spitzen Eckzähnen packt und tötet. Durch das Streifenmuster auf seinem Fell ist das mächtige Säugetier bestens getarnt und kann sich im Wald oder im Buschland unbemerkt anschleichen. Da die Großkatze gut hören und selbst bei wenig Licht hervorragend sehen kann, ist sie auch nachts ein gefährlicher Jäger.
Übrigens sind nicht alle Tiger im feuchtheißen Regenwald heimisch! Der Sibirische Tiger kann selbst kalte und schneereiche Winter durchstehen. Er lebt vor allem im Osten Russlands. Viele Unterarten des Tigers sind bereits ausgestorben. Denn der Mensch dringt immer stärker in die Lebensräume der Raubkatzen vor.

Tiger können zwar nicht klettern, aber sehr gut schwimmen und sogar tauchen.

Mit den bräunlichen Flecken fällt das **Wandelnde Blatt** selbst zwischen welkenden Blättern nicht auf.

Wandelndes Blatt

Eine bessere Tarnung gibt es kaum: Das Wandelnde Blatt ist eine Gespenstschrecke, die perfekt an ein Leben in den Bäumen des Regenwaldes angepasst ist. Sie besitzt nicht nur die Form und die Farbe eines echten Blattes, sondern ahmt auch dessen Bewegung nach: Hängt das Insekt an einem Zweig, der erschüttert wird, beginnt es zu wippen – genauso wie die Blätter in seiner Umgebung. Ein optimaler Schutz vor Fressfeinden! Eine solche Tarnung nennt man auch Mimese. Wandelnde Blätter sind zwischen drei und zwölf Zentimeter lang, werden erst nachts aktiv und fressen Pflanzen.

Es gibt auch gelbe oder braune Wandelnde Blätter – je nach Farbe der Blätter in der Umgebung.

Ein **Bankivahahn** trägt nur zur Paarungszeit ein buntes Federkleid. Um sein Revier zu markieren, plustert er sich auf und kräht.

Bankivahuhn

Das heute noch im asiatischen Regenwald wild lebende Bankivahuhn ist die wilde Stammform aller gezüchteten Haushuhnrassen. Im Gegensatz zu den Zuchttieren kann das wilde Huhn sehr gut fliegen. Schon die Küken flattern im Alter von nur acht Tagen Fressfeinden davon. Allerdings legt eine Bankivahenne pro Jahr nicht mehr als 20 Eier. Da würde es nur selten ein Frühstücksei geben!

Das Huhn und der Mensch

Weltweit werden Hühner als Haustiere gehalten. Sie liefern uns Fleisch und Eier. Bereits vor mehreren Tausend Jahren züchteten Menschen Haushühner aus dem wilden Bankivahuhn. Heute gibt es viele verschiedene Zuchtformen. Manche legen über 300 Eier im Jahr! Doch oft werden die Hühner zu Tausenden in viel zu engen Käfigen gehalten, was großen Stress für die Tiere bedeutet.

Südamerikanischer Regenwald

Vogelspinne

Größer als die Hand eines Erwachsenen werden die behaarten Vogelspinnen. Wie alle Spinnentiere haben sie acht Beine. Zudem besitzen die größten Spinnen der Erde zwei große Taster am Kopfende, die wie ein fünftes Beinpaar aussehen. Will ein Männchen auf sich aufmerksam machen, trommelt es mit den Tastern auf den Boden. Es hofft auf ein paarungswilliges Weibchen, das mit Klopfzeichen antwortet. Zwischen den Tastern sitzen die Beißklauen – ein wichtiges Werkzeug beim Beutefang. Vogelspinnen lauern in ihrem Bau Insekten, Skorpionen oder kleinen Echsen auf. Mit ihren feinen Härchen nehmen sie jede Erschütterung wahr. Nähert sich ein Beutetier, schießt die Spinne hervor, packt zu und spritzt Gift in ihr Opfer. Dann wird der Körper der Beute verflüssigt und kann aufgesaugt werden.

Manche Vogelspinnen feuern mit Brennhaaren auf Angreifer oder werfen bei Gefahr sogar ein Bein ab.

Im Gegensatz zum Leopard hat der Jaguar einen Punkt in den dunklen Flecken seines Fells.

Jaguar

Tagsüber ruht der Jaguar im Dickicht des Regenwaldes oder in einer Baumkrone. Sobald die Nacht hereinbricht, geht er auf Beutezug. Dabei kann sich das rund zwei Meter lange Säugetier ganz auf seine Sinne verlassen: Die Augen sehen auch bei Dunkelheit gut, mit den beweglichen Ohren ortet der Jaguar jedes Geräusch und sein Geruchssinn ist besonders empfindlich. Meistens halten sich die Tiere in Wassernähe auf und machen Jagd auf Tapire, Affen und Fische. Jaguare haben ein besonders kräftiges Gebiss und können selbst den Panzer von Schildkröten knacken. Da jedoch ihr Fell bei Wilderern sehr begehrt ist und ihr Lebensraum immer mehr zerstört wird, ist der Bestand der größten Raubkatze Amerikas bedroht.

Gecko

Die flinken Echsen sind weltweit verbreitet und werden zwischen 1,5 und 40 Zentimeter lang. Geckos leben vor allem im Regenwald, kommen aber auch in Wüsten vor oder klettern in wärmeren Ländern an Hauswänden herum. Sie haben eine besondere Fähigkeit: Selbst die großen Arten laufen problemlos Fensterscheiben hoch und kopfüber an der Zimmerdecke entlang. Ihre Zehen sind meist verbreitert, und Milliarden hauchdünner Hautlamellen auf der Unterseite sorgen selbst auf glatten Oberflächen für perfekten Halt.

Die meisten Geckos verstecken sich tagsüber. Nachts werden sie aktiv und jagen andere kleine Reptilien, Insekten oder Spinnen. Viele Arten machen Geräusche, wie zum Beispiel der in Asien heimische Tokeh, der „to-kee" oder „ge-kko" ruft. Daher auch der Name!

Mit den vielen hauchdünnen Lamellen an den Füßen kann ein **Gecko** auch an Fensterscheiben entlanglaufen.

Ein junger **Tapir** trägt helle Streifen auf dem braunen Fell. Er bleibt zwei Jahre lang dicht bei der Mutter.

Tapir

Wo sich Trampelpfade oder tunnelartige Wege im Dickicht des Regenwaldes befinden, leben Tapire. Mit ihrer festen Haut und dem massigen Körper können sie pfeilschnell durch das dichte Unterholz rennen. Manchmal werden die Säugetiere mit der rüsselartigen Schnauze dabei sogar räuberische Angreifer los.

Tapire gibt es bereits seit über 35 Millionen Jahren. Wie ihre näheren Verwandten, die Nashörner, sind sie gute Schwimmer.

🔍 Deine Forscheraufgabe

Nicht nur Geckos machen ungewöhnliche Geräusche! Auch andere Tierstimmen sind spannend. Du findest viele interessante Tonaufnahmen im Internet, wenn du zum Beispiel auf www.blinde-kuh.de den Suchbegriff „Tierstimmen" eingibst oder auf www.kindernetz.de nach „Klangwelt Tiere" recherchierst. Dort erfährst du auch, wie sich Tapire anhören oder Buckelwale, Eisbären, Klapperschlangen …

Unterhalten sich Tiere miteinander?

Sie bellen, grunzen und miauen, aber teilen sich die Tiere auch gegenseitig etwas mit? Wir Menschen haben unsere Stimme und eine Sprache entwickelt, um miteinander zu kommunizieren. Auch viele Tiere benutzen Laute, wie etwa der Hirsch, der zur Paarungszeit röhrt, oder der Frosch, der mit seinem Gequake ein Weibchen beeindrucken will. Die in Afrika heimischen Meerkatzen benutzen ganz unterschiedliche Laute, je nachdem, was sie ausdrücken wollen. Nähert sich ein Raubvogel von oben, wird die Affenhorde mit einem anderen Ruf gewarnt als bei einer drohenden Gefahr aus dem bodennahen Dickicht.

Körpersprache

Doch Geräusche sind nicht alles! Treffen zwei Menschen mit unterschiedlichen Sprachen aufeinander, setzen sie ihren Körper ein. Sie verständigen sich plötzlich mit Händen und Füßen und mit den unterschiedlichsten Gesichtsausdrücken. Tiere tun das auch! Fletscht eine Raubkatze die Zähne, so teilt sie ihrem Gegenüber mit: „Vorsicht! Ich bin bewaffnet!" Ein unterwürfiger Hund nimmt eine geduckte Haltung ein, zieht den Schwanz ein und legt die Ohren an. Zeigt ein Schimpanse seine Zähne, so signalisiert er Angst.

Duftstoffe und Tanzsprache

Manche Tiere kommunizieren über eine für uns Menschen überhaupt nicht wahrnehmbare Sprache. Zum Beispiel verständigen sich Elefanten mit sehr tiefen Lauten, die wir nicht hören können. Auch Wale benutzen diese sogenannten Infraschalllaute, wenn sie ihr Revier abgrenzen oder während der Paarungszeit. Dabei ist die Stimme des Blauwals so gewaltig, dass die entstehende Schallenergie vergleichbar ist mit dem Start eines Düsenjets! Ameisen unterhalten sich mithilfe von Duftstoffen, und Bienen haben eine eigene Tanzsprache entwickelt, mit der sie wichtige Informationen untereinander austauschen.

Schon gewusst?

Kehrt eine Pollensammlerin in den Bienenstock zurück, fängt sie an zu tanzen, um anderen Bienen die Entfernung und Richtung zur Futterquelle mitzuteilen. Jede Bewegung wird von den Nachtänzerinnen exakt nachgetanzt. Da es im Stock „stockdunkel" ist, tauschen sich die Bienen über Schwingungen, Düfte und Berührungen aus.

Im Reich der Tiere

Auf unserer Erde gibt es rund 1,5 Millionen verschiedene bekannte Tierarten. Um diese enorme Vielfalt besser verstehen und erforschen zu können, begannen Naturforscher irgendwann, sich Gemeinsamkeiten etwa im Körperbau oder in der Lebensweise der Tiere anzuschauen. Heute geschieht das mit den Mitteln der Molekularbiologie, indem man die kleinsten Bausteine im Körper der Tiere miteinander vergleicht. Die Naturforscher untersuchten außerdem, wo die Tiere vorkommen und wie sie sich im Laufe der Erdgeschichte entwickelt haben. So konnten die Forscher feststellen, welche Tiere miteinander verwandt sind. Sie teilten sie in bestimmte Gruppen ein und gaben ihnen lateinische und griechische Namen. Diese Einteilung nennt man Systematik.

Wirbeltiere

Säugetiere, Vögel, Reptilien, Amphibien und Fische haben ein Innenskelett aus Knochen oder Knorpel mit einer Wirbelsäule. Sie bilden die Gruppe der Wirbeltiere (Seite 126/127). Dennoch unterscheidet sich ein Säugetier wie der Tiger ziemlich von einer Amsel, oder?

> Für die Biologen ist der Mensch auch ein Säugetier und bildet eine eigene Gattung innerhalb der Familie der Menschenaffen!

Die Forscher mussten also noch weitere Merkmale ausfindig machen und die Tiere in weitere Untergruppen einteilen. Diese Untergruppen bezeichnet man als Klasse, Ordnung, Familie, Gattung und Art. Tiger und Amsel werden in dieser Systematik zum Beispiel so eingeordnet:

Wirbeltiere

Klasse: Säugetiere
Ordnung: Raubtiere
Familie: Katzen
Gattung: Eigentliche Großkatzen
Art: Tiger

Wirbeltiere

Klasse: Vögel
Ordnung: Sperlingsvögel
Familie: Drosseln
Gattung: Echte Drosseln
Art: Amsel

Tiere derselben Art (also alle Tiger oder alle Amseln) haben exakt denselben Körperbau und können sich untereinander fortpflanzen.

Wirbellose Tiere

Neben den Wirbeltieren gibt es noch eine weitaus größere Tiergruppe: die Tiere ohne Wirbelsäule. Sie werden Wirbellose genannt (Seite 128/129). Unter den Wirbellosen sind die Insekten die größte Gruppe. Über 80 Prozent aller bekannten Tierarten sind Insekten. Doch die meisten Tiere auf der Erde kennen wir noch gar nicht. Schätzungen zufolge leben weltweit mindestens zehn Millionen verschiedene Tierarten. Unglaublich, oder?! Es gibt also noch jede Menge zu erforschen!

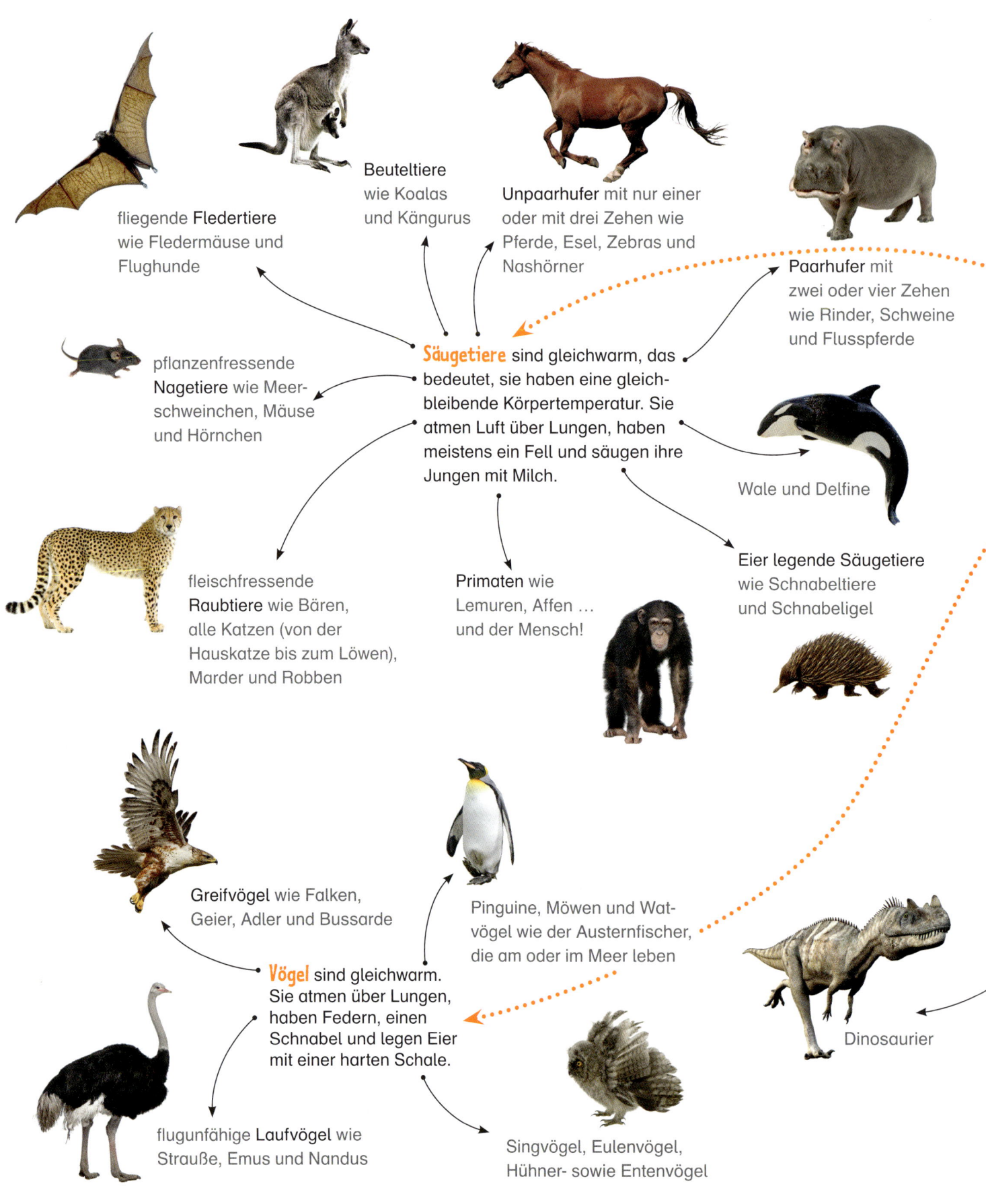

Beuteltiere
wie Koalas
und Kängurus

Unpaarhufer mit nur einer
oder mit drei Zehen wie
Pferde, Esel, Zebras und
Nashörner

fliegende Fledertiere
wie Fledermäuse und
Flughunde

Paarhufer mit
zwei oder vier Zehen
wie Rinder, Schweine
und Flusspferde

pflanzenfressende
Nagetiere wie Meer-
schweinchen, Mäuse
und Hörnchen

Säugetiere sind gleichwarm, das
bedeutet, sie haben eine gleich-
bleibende Körpertemperatur. Sie
atmen Luft über Lungen, haben
meistens ein Fell und säugen ihre
Jungen mit Milch.

Wale und Delfine

fleischfressende
Raubtiere wie Bären,
alle Katzen (von der
Hauskatze bis zum Löwen),
Marder und Robben

Primaten wie
Lemuren, Affen …
und der Mensch!

Eier legende Säugetiere
wie Schnabeltiere
und Schnabeligel

Greifvögel wie Falken,
Geier, Adler und Bussarde

Pinguine, Möwen und Wat-
vögel wie der Austernfischer,
die am oder im Meer leben

Vögel sind gleichwarm.
Sie atmen über Lungen,
haben Federn, einen
Schnabel und legen Eier
mit einer harten Schale.

Dinosaurier

flugunfähige Laufvögel wie
Strauße, Emus und Nandus

Singvögel, Eulenvögel,
Hühner- sowie Entenvögel

126

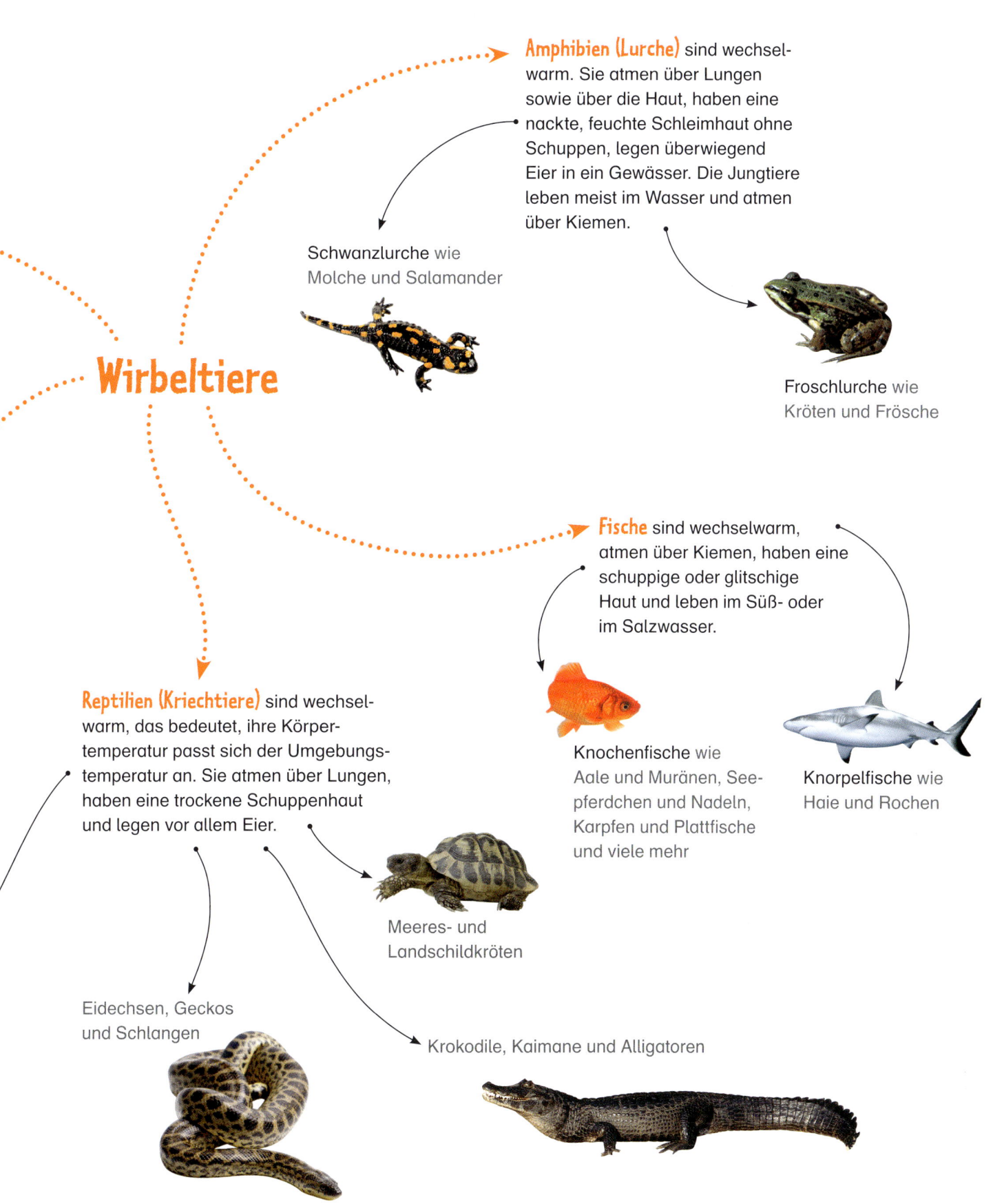

Amphibien (Lurche) sind wechselwarm. Sie atmen über Lungen sowie über die Haut, haben eine nackte, feuchte Schleimhaut ohne Schuppen, legen überwiegend Eier in ein Gewässer. Die Jungtiere leben meist im Wasser und atmen über Kiemen.

Schwanzlurche wie Molche und Salamander

Wirbeltiere

Froschlurche wie Kröten und Frösche

Fische sind wechselwarm, atmen über Kiemen, haben eine schuppige oder glitschige Haut und leben im Süß- oder im Salzwasser.

Knochenfische wie Aale und Muränen, Seepferdchen und Nadeln, Karpfen und Plattfische und viele mehr

Knorpelfische wie Haie und Rochen

Reptilien (Kriechtiere) sind wechselwarm, das bedeutet, ihre Körpertemperatur passt sich der Umgebungstemperatur an. Sie atmen über Lungen, haben eine trockene Schuppenhaut und legen vor allem Eier.

Meeres- und Landschildkröten

Eidechsen, Geckos und Schlangen

Krokodile, Kaimane und Alligatoren

Schnecken wie
Land-, Süßwasser- oder
Meeresschnecken

Kopffüßer wie die
zehnarmigen Tintenfische
(Sepien und Kalmare)
und die achtarmigen Tintenfische (Kraken)

vor allem
im Meer, teils
im Süßwasser
lebende
Muscheln

Weichtiere haben einen weichen
Körper, eine mit Schleim bedeckte
Haut und eine harte Schale oder
ein Gehäuse als Schutz. Tinten-
fische haben eine reduzierte Schale
(Schulp) in ihrem Körperinneren.

Gliederfüßer haben einen
schützenden Panzer
aus Chitin und in mehrere
Abschnitte gegliederte
Beine. Ihr Körper ist meist
unterteilt in Kopf oder
Kopfbrustabschnitt, Brust
und Hinterleib.

Vielborster
wie Wattwürmer

Insekten wie Käfer,
Bienen, Ameisen,
Schmetterlinge und
Libellen

Ringelwürmer haben
einen lang gestreckten
Körper, der in mehrere
Ringe gegliedert ist und
manchmal viele Borsten
auf der Haut hat, um sich
fortzubewegen.

Spinnentiere wie Web-
spinnen, Skorpione,
Weberknechte und Zecken

Gürtelwürmer
wie Regenwürmer
und Blutegel

Tausendfüßer

gepanzerte Krebstiere
wie Krebse, Hummer und
Krabben

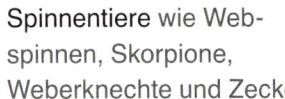

128

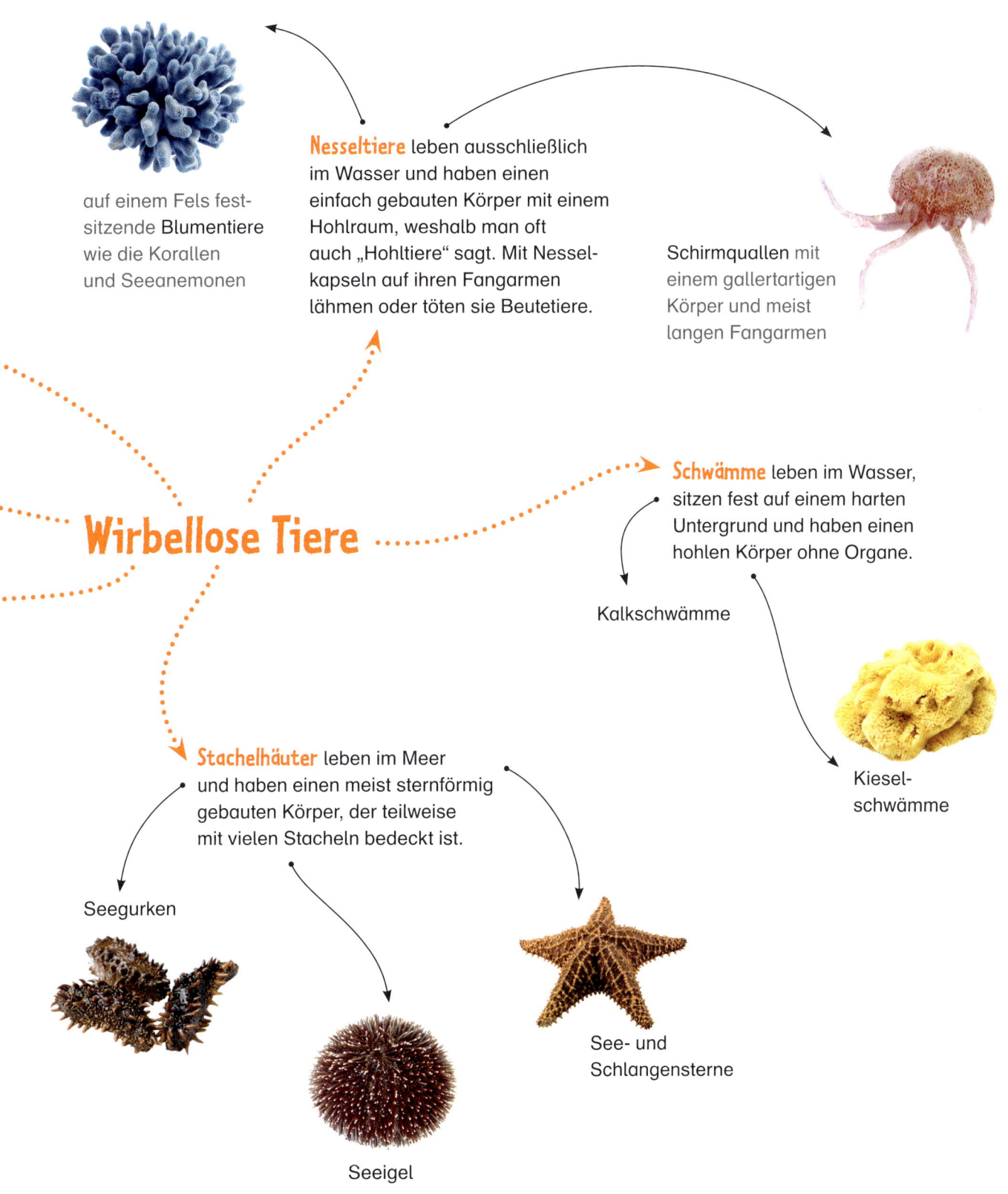

auf einem Fels fest-
sitzende Blumentiere
wie die Korallen
und Seeanemonen

Nesseltiere leben ausschließlich
im Wasser und haben einen
einfach gebauten Körper mit einem
Hohlraum, weshalb man oft
auch „Hohltiere" sagt. Mit Nesselkapseln auf ihren Fangarmen
lähmen oder töten sie Beutetiere.

Schirmquallen mit
einem gallertartigen
Körper und meist
langen Fangarmen

Schwämme leben im Wasser,
sitzen fest auf einem harten
Untergrund und haben einen
hohlen Körper ohne Organe.

Kalkschwämme

Wirbellose Tiere

Kiesel-
schwämme

Stachelhäuter leben im Meer
und haben einen meist sternförmig
gebauten Körper, der teilweise
mit vielen Stacheln bedeckt ist.

Seegurken

See- und
Schlangensterne

Seeigel

Wie können wir die Tiere schützen?

Alle Tier- und Pflanzenarten befinden sich in der Natur in einem Gleichgewicht: Pflanzenfresser haben ausreichend Nahrung und zeugen Nachkommen. Fleischfresser finden genügend Beutetiere und verhindern, dass sich andere Tierarten zu stark vermehren. Eine Art hat sich jedoch schon zu sehr ausgebreitet und bringt die Natur zunehmend ins Ungleichgewicht: der Mensch!
Wir Menschen verändern unseren Planeten und zerstören Lebensräume der Tiere. Früher waren unsere Wälder naturbelassene Urwälder, in denen die Tiere jede Menge Nahrung und Unterschlupf gefunden haben. Heute werden Bäume abgeholzt, um Holz, Bau- oder Ackerland zu gewinnen. Üppig bewachsene Flussufer und fruchtbare Flussauen, bieten perfekte Lebensräume für Vögel, Reptilien oder Amphibien. Sie verschwinden, wenn Flüsse für die Schifffahrt begradigt und die Ufer betoniert werden.

Wenn du aus lose übereinandergestapelten Natursteinen eine Trockenmauer anlegst, siedeln sich in den Hohlräumen Pflanzen, Spinnen, Käfer und vielleicht sogar Eidechsen an.

Weltweit werden ständig Lebensräume umgestaltet, verkleinert oder zerstört. Tiere werden immer weiter zurückgedrängt oder müssen sich an vollkommen andere Lebensbedingungen anpassen – was vielen nicht gelingt: Sie sterben aus!

Lebensräume schaffen

Naturschützer versuchen, Bedingungen zu schaffen, damit sich die gefährdeten Tierarten wieder erholen können. Dafür sind viele Maßnahmen notwendig. Denn man muss genau wissen, wie die Tiere leben, was sie fressen, was sie als Unterschlupf benötigen oder wie sie sich vermehren. Viele Tierarten stehen unter Naturschutz. Sie dürfen nicht gefangen und mit nach Hause genommen werden. Tierschutz muss man jedoch nicht nur den Tierschützern überlassen. Jeder kann etwas dafür tun. Bauern können zum Beispiel Hecken als natürliche Grenze zwischen den Feldern anlegen. In dem Dickicht aus kleinen Bäumen, Sträuchern und Gräsern leben Insektenarten, können Vögel nisten und finden Igel, Eidechsen und Marder Unterschlupf. Im Garten kannst du eine verborgene Ecke mit Sträuchern und einem kleinen Steinhaufen sich selbst überlassen. Insekten, Vögel und vielleicht sogar eine Eidechse freuen sich über diesen Lebensraum.

Frösche (und Kaulquappen), Kröten, Molche, Schildkröten, Eidechsen oder der Feldhamster stehen bei uns unter Naturschutz.

Laub sollte man im Herbst im Garten oder Park nicht zusammenrechen. Schmetterlingslarven, Spinnen, Käfer, Tausendfüßer und Asseln finden dort Unterschlupf für den Winter. Igel freuen sich in der kalten Jahreszeit über einen Haufen aus Laub und Reisig, wo sie ihren Winterschlaf halten können. Vögel und nützliche Insekten siedeln sich im Garten oder Park an, wenn sie Nistmöglichkeiten finden. Du kannst Nistkästen für Vögel oder Insektenhäuser aufhängen. Um die nistenden Vögel nicht zu stören, sollte man Hecken von März bis Juni nicht schneiden.

Achtung, Müll!

Achte auch darauf, was du wegwirfst! Auf Gehwegen im Grünen entsorgte Dosen oder Flaschen können zu tödlichen Fallen für Käfer, Mäuse oder kleine Echsen werden. Die Tiere krabbeln hinein und können wegen der glatten Innenseite und der schmalen Öffnung nicht mehr heraus. Ausgespuckte Kaugummis verkleben die Kiefer von Igeln, die sie fressen.

Mit **Nisthilfen** im Garten können sich viele nützliche Insekten ansiedeln – und Schädlinge haben keine Chance mehr!

Tierschonende Produkte

Doch nicht nur wild lebende Tiere sollte man schützen. Du kannst auch dazu beitragen, dass unsere Haustiere unter guten Bedingungen leben. Kauft zu Hause zum Beispiel Eier von Hühnern aus artgerechter Haltung. Du erkennst sie an der 0, mit der die Prüfnummer auf dem Ei beginnt. Wenn du nicht so oft Fleisch isst, trägst du dazu bei, dass weniger Tiere unter schlechtesten Bedingungen mit Viehtransporten quer durch Europa gefahren werden. Achte beim Einkauf auf Gütesiegel wie den Blauen Engel für umweltfreundliche Produkte, FSC/Holz für Holz aus nachhaltiger Forstwirtschaft oder MSC/Fisch für Fisch und Meeresfrüchte aus umweltschonender Fischerei.

 Deine Forscheraufgabe

Willst du wissen, was du noch für den Schutz der Tiere tun kannst? Schau einfach mal auf den Internetseiten von WWF, BUND, NABU (Naturschutzbund Deutschland) oder Greenpeace nach. Dort erfährst du noch viel mehr darüber, was du mit deinen Eltern oder in der Schule mit deiner Klasse tun kannst, um Tiere zu schützen!

Das große Tierquiz

Kennst du dich aus im Reich der Tiere? Teste hier dein Wissen. Zum Aufwärmen kannst du mit den **blauen** Fragen anfangen. Die **grünen** Fragen sind für fortgeschrittene Tierforscher. Kannst du die **roten** Fragen beantworten? Dann bist du ein echter Tierexperte!

Wald

1 Welcher Vogel kennt seine eigenen Eltern nicht?
a) der Waldkauz
b) der Specht
c) der Kuckuck

2 Was zeigt dieses Bild?
a) zwei Erdkröten bei der Paarung: Das Weibchen nimmt das kleine Männchen Huckepack.
b) ein Erdkrötenweibchen mit ihrem Nachwuchs, der noch nicht schwimmen kann
c) zwei Erdkrötenmännchen, die während der Paarungszeit um ein Weibchen kämpfen

3 Wie halten sich Weberknechte beim Klettern zwischen Pflanzen fest?
a) Sie haben winzig kleine Saugfüßchen am Ende ihrer Beine, mit denen sie sich festsaugen können.
b) Sie schlingen die letzten Abschnitte ihrer acht langen Beine wie ein Lasso um lange Grashalme.
c) Weberknechte müssen nicht klettern, sie können mit ihren langen Beinen bis zu zwei Meter weit springen.

4 Welches Tier ist im vollgefressenen Zustand etwa 20-mal größer als sonst?
a) das Eichhörnchen, wenn es sich genügend Winterspeck für die Winterruhe angefressen hat
b) die Zecke, wenn sie sich rund zehn Tage lang mit Blut vollgesogen hat
c) der Regenwurm, wenn er sich durch das Erdreich gefressen hat

5 Welches Tier macht welches Geräusch?

Specht	heult
Reh	wühlt
Wolf	klopft
Wildschwein	fiept

6 Im Buchstabenrätsel sind acht Tiere des Waldes versteckt, die alle nachts auf Jagd gehen. Findest du sie?
Übrigens: Diagonal gilt auch! Merke: Im Rätsel wird Ä mit AE geschrieben.

W	A	L	D	K	A	U	Z	Q	M	B
D	A	W	L	F	D	S	E	D	X	A
R	F	L	U	C	H	S	W	F	H	U
T	V	J	D	A	C	H	S	E	K	M
L	B	H	T	O	K	W	D	H	S	M
W	W	A	S	C	H	B	A	E	R	A
I	A	D	S	L	U	R	B	J	U	R
O	F	U	C	H	S	B	E	K	U	D
P	K	B	V	F	R	X	H	U	K	E
S	R	K	W	J	K	U	O	R	L	R
W	I	L	D	K	A	T	Z	E	P	E

7 Von welchem Waldbewohner stammt der Hund ab?
a) vom Fuchs
b) vom Wolf
c) vom Waschbär

Ben, hast du auch Vorfahren, die im Wald leben?

8 Wie nennt man die Jungen vom Wildschwein?

a) Setzlinge   b) Sonderlinge   c) Frischlinge

9 Welchem Tier gehören diese Augen?
Kleiner Tipp: Es kann seinen Kopf um 270 Grad im Kreis drehen!

RANGEZOOMT!

Wiese, Weide, Feld und Hecke

10 Warum sieht die Schwebfliege aus wie eine Wespe?

a) Das ist reiner Zufall!

b) Das ist ein Trick! Sie ahmt die mit einem Stachel bewaffnete Wespe nach, damit sie nicht gefressen wird.

c) Sie ist mit der Wespe eng verwandt.

11 Wo sitzt das Gehör bei einer Heuschrecke?

a) unterhalb des Knies

b) am Ende der langen Fühler

c) am Kopf direkt neben den Augen

12 Wie bringt eine Igelmutter ihre Jungen zur Welt, ohne sich zu verletzen?

a) Igel legen Eier. Die Jungen durchstoßen nach ein paar Tagen die Schale mit ihren Stacheln.

b) Igel kommen vollkommen nackt zur Welt. Die Stacheln wachsen erst viel später.

c) Die Stacheln der neugeborenen Igel sind noch ganz weich.

13 Glühwürmchen können leuchten. Weißt du, warum?

a) Sie wollen mit ihrem Licht kleine Insekten anlocken, um sie zu fressen.

b) Sie senden Leuchtsignale, um einen Paarungspartner anzulocken.

c) Sie wollen mit ihren Leuchtsignalen Fressfeinde abschrecken.

14 Warum legen sich Zauneidechsen oft in die Sonne?

a) weil sie durch ihre Musterung im Sonnenlicht gut getarnt sind

b) weil sie wie alle Reptilien wechselwarm sind und sich aufwärmen müssen

c) weil sie faul sind

15 Zu welchem Tier gehören diese kräftigen Vorderpfoten?
Kleiner Tipp: Das fast blinde Säugetier gräbt mit diesen „Schaufeln" lange Gänge unter der Erde.

RANGEZOOMT!

16 Wie nennt man die Verwandlung einer Raupe zum Schmetterling?

a) Metapher

b) Metamorphose

c) Metawechsel

17 Wer frisst wen? Ordne die Tiere in der richtigen Reihenfolge: Maulwurf, Spinne, Mäusebussard, Große Schwebfliege

18 Wegen der Bienen haben die Blütenpflanzen mit der Zeit so viele schöne Farben und Düfte entwickelt. Weißt du, warum?

Bach, Fluss, Weiher und See

19 **Woher kommt der Name „Eintagsfliege"?**

a) weil man die Fliege immer nur tagsüber sieht

b) weil Friedrich Eintag diese Fliege erstmals entdeckt hat

c) weil sie meistens nur einen Tag lang lebt

20 **Was machen Ringelnattern bei Gefahr?**

21 **Was macht der Biber, um seine Artgenossen bei Gefahr zu warnen?**

a) Er gibt einen schrillen Pfiff von sich, der kilometerweit zu hören ist.

b) Er schlägt mit seinem platten Schwanz auf die Wasseroberfläche.

c) Er verständigt die anderen mittels Duftsignalen, die er in einer Drüse an seinem Bauch herstellt.

22 **Wie sagt man, wenn Entenvögel wie die Stockenten oder die Schwäne kopfüber nach Nahrung am Grund eines Gewässers suchen?**

a) Sie gründeln.

b) Sie schnäbeln.

c) Sie näseln.

23 **Für welche technische Erfindung stand die Libelle Modell?**

a) für den Hubschrauber

b) für den Ventilator

c) für den Schneebesen

24 **Was lässt sich das Teichmolchmännchen zur Paarungszeit einfallen?**

a) Es führt einen aufwendigen Balztanz unter Wasser auf.

b) Es lässt sich einen welligen Rückenkamm wachsen und entwickelt eine orangefarbene Bauchunterseite.

c) Es wirbt mit Düften um ein auserwähltes Weibchen.

25 **Richtig oder falsch?**
Meistens sind die Männchen im Tierreich auffälliger gefärbt als die Weibchen. Auch bei der Stockente trägt der Erpel ein bunteres Gefieder. So kann er besser um ein Weibchen werben.

26 **Was haben die Wasserspinne und der Gelbrandkäfer gemeinsam?**

a) Sie haben acht Beine und gehören zu den Spinnentieren.

b) Sie strecken ab und zu ihr Hinterteil aus dem Wasser, um neue Luft zum Atmen zu sammeln.

c) Sie leben in Luftblasen unter Wasser.

27 **Welches Tier hat den besten Riecher im ganzen Tierreich?**

a) der Flussaal

b) der Hund

c) der Blutegel

Gebirge

28 Was macht eine Schneeziege, wenn ein Raubtier in der Nähe ist?

a) Sie legt sich flach auf den Schnee. So ist sie mit ihrem weißen Fell gut getarnt.

b) Sie flüchtet in eine extrem steile Felswand.

c) Sie greift an und verteilt heftige Tritte mit ihren harten Hufen.

29 Was kann passieren, wenn du einem Guanako zu nahe kommst?

a) Es gibt einen ohrenbetäubenden Schrei von sich.

b) Es boxt mit den Vorderbeinen.

c) Es spuckt dich an.

30 Wovon ernährt sich der Große Panda?

a) Er frisst ausschließlich Bambusblätter.

b) Er frisst Termiten, die er mit einem Stock aus ihrem Bau angelt.

c) Er macht Jagd auf Fische und Vögel, die er mit einem kräftigen Prankenhieb erbeutet.

31 Wie heißt der wilde Vorfahre unseres Hausschafes?

a) Bezoarziege   b) Mufflon   c) Steinbock

32 Zu welchem Tier gehört diese merkwürdige „Hand"?

Kleiner Tipp: Es hat sehr scharfe Augen, jagt hoch oben im Gebirge und sein Name verrät etwas über seine Herkunft.

RANGEZOOMT!

33 Welches Tier ist das? Es ist giftig, hat ein Zickzackmuster auf dem Rücken, kann schlecht sehen, aber hervorragend riechen – und zwar mit der Zunge!

34 Der Yak ist ein Wildrind im asiatischen Himalaja, das domestiziert wurde. Was bedeutet das?

a) Er wurde vom Menschen vertrieben, da er zu viel Schaden anrichtete.

b) Er wurde vom Menschen gezähmt und gezüchtet, um ihn als Haustier zu halten.

c) Er war vom Aussterben bedroht und wurde gerettet.

35 Manche Tiere wie etwa die Braun- und die Schwarzbären nennt man Allesfresser. Was bedeutet das?

a) Sie fressen ununterbrochen.

b) Sie fressen alles: Pflanzen, Tiere, tote Tiere, manchmal plündern sie sogar die Mülltonnen der Menschen.

c) Sie fressen ein erbeutetes Tier mit Haut und Haaren – eben alles!

Ach so! Es gibt Pflanzenfresser, Fleischfresser und Allesfresser!

Watt, Küste und Meer

36 Welches Sinnesorgan ist bei den Seehunden so empfindlich, dass sie damit über Kilometer hinweg Beutetiere unter Wasser aufspüren können?

a) ihre Barthaare

b) ihre Ohren

c) ihre Augen

37 Wie nennt man die Fontäne aus verbrauchter Luft, die Wale beim Atmen ausstoßen?

a) Balg b) Blas c) Blubber

38 Was macht die Meerechse, wenn sie aus dem Meer an Land zurückkehrt?

a) Sie geht auf Jagd.

b) Sie muss „niesen" und schleudert dabei Meersalz aus ihrer Nase.

c) Sie würgt unverdauliche Pflanzenreste hervor.

39 Was ist ein Schiffshalter?

a) ein Fisch, der sich an anderen Meeresbewohnern festsaugt und sich mitnehmen lässt

b) eine Möwe, die Fischerbooten folgt in der Hoffnung, Fischabfälle zu ergattern

c) ein Wal, der Schiffe rammt und an der Weiterfahrt hindert

40 Was haben Seeigel mit Seesternen gemeinsam?

a) Sie haben Stacheln an ihrem Körper.

b) Sie bewegen sich mit kleinen Saugfüßchen vorwärts.

c) Sie haben keinen Kopf.

Aufgepasst! Hier gibt es womöglich mehrere richtige Antworten!?

41 Welches ist das älteste Tier der Welt?

a) ein Hummer

b) ein Tintenfisch

c) ein Schwamm

42 Welches Tier ist das?

Es hat einen weichen Körper, besteht zu 99 Prozent aus Wasser und schießt giftige Nesselkapseln wie Harpunen auf Beutetiere.

43 Wer frisst wen?

Bringe die folgenden Tiere in die richtige Reihenfolge: Tintenfisch, Orka, Robbe, Krill, Algen (pflanzliches Plankton)

44 Zu welchem Tier gehört dieses Auge?

Kleiner Tipp: Es ist besonders intelligent, bewegt sich bei Gefahr wie eine Rakete durchs Wasser und versprüht eine dunkle Flüssigkeit!

RANGEZOOMT!

Polargebiete und Tundra

45 Welche Farbe hat die Haut des Eisbären unter dem weißen Fell?

a) Weiß! Deswegen sieht auch sein Fell weiß aus. Denn eigentlich ist dieses Fell durchsichtig.

b) Rosa! Da der Eisbär wie wir Menschen zu den Säugetieren zählt, ist seine Haut rosa wie bei uns.

c) Schwarz! Denn so lässt sich die Wärme am besten speichern.

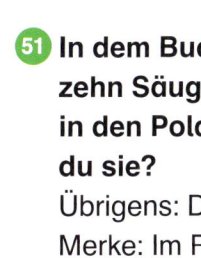

46 **Warum fressen Eis-bären keine Pinguine?**

a) weil sich Eisbären beim Schlucken an den spitzen Schnäbeln der Pinguine verletzen könnten

b) weil Eisbären am Nordpol und Pinguine am Südpol leben

c) weil Eisbären nur Pflanzen fressen

47 **Wie kommen Walrösser an das weiche Fleisch einer geschlossenen Muschel?**

a) Sie pressen ihre Lippen auf die Schalen und saugen das Muschelfleisch mit einem starken Sog heraus.

b) Sie zersplittern die Muschelschale mithilfe ihrer spitzen Stoßzähne.

c) Sie werfen die Muschel auf eine Eisscholle, damit sie zerbricht.

48 **Was für einen Trick haben Orkas auf Lager, um eine Robbe auf einer Eis-scholle zu erbeuten?**

a) Sie schwimmen dicht unter die Eisscholle und warten, bis das Eis durch ihre Körper-wärme schmilzt.

b) Sie springen über die Eisscholle und packen die Robbe im Sprung.

c) Sie schwimmen zu mehreren auf die Eisscholle zu, erzeugen eine Welle und spülen die Robbe ins Wasser.

49 **Was hielten die Menschen im Mittelalter wirklich in den Händen, als sie dachten, sie hätten im Wald ein Horn von einem Einhorn gefunden?**

a) den Eckzahn eines Orkas

b) den Stoßzahn eines Narwals

c) den Stoßzahn eines Walrosses

50 **Was macht der Eissturmvogel, um einen Eindringling zu vertreiben?**

a) Er pickt dem Eindringling mit seinem spitzen Schnabel die Augen aus.

b) Er bespuckt den Eindringling mit einem stinkenden Magenöl.

c) Er plustert sich auf und spreizt die Flügel, um größer zu wirken.

51 **In dem Buchstabenrätsel haben sich zehn Säugetiere versteckt, die in den Polargebieten leben. Findest du sie?**
Übrigens: Diagonal gilt auch!
Merke: Im Rätsel wird Ä mit AE ge-schrieben und ß mit SS.

S	X	C	W	B	L	R	U	J	Z	O	Q
I	E	I	S	B	A	E	R	A	S	R	P
V	I	E	L	F	R	A	S	S	U	K	U
R	U	I	L	W	B	E	L	U	G	A	Z
Q	V	B	E	E	R	G	O	A	E	N	R
S	W	A	L	R	O	S	S	K	L	J	U
W	X	V	B	I	Q	P	M	N	D	F	R
V	S	D	N	A	R	W	A	L	W	R	O
U	F	R	E	N	T	I	E	R	J	H	B
I	E	A	G	H	E	L	K	R	D	K	B
M	O	S	C	H	U	S	O	C	H	S	E

52 **Warum jagen Schnee-Eulen tagsüber?**

a) weil sie nachts schlecht sehen können

b) weil alle Eulenarten tagaktiv sind, also nachts ruhen und bei Helligkeit auf Nahrungssuche gehen

c) weil die Sonne im arktischen Sommer nicht untergeht

53 **Warum bilden Zugvögel auf ihren Wanderungen oft ein V am Himmel?**

a) So kann jeder Vogel am besten sehen, wo er hinfliegt.

b) So sparen sie Kraft, da immer ein Vogel im Windschatten seines Vordermanns fliegen kann.

c) So sind sie gut vor Feinden geschützt, denn das V wirkt abschreckend auf Raubvögel.

Wüste, Savanne, Steppe und Grasland

54 **Was haben Kamele in ihren Höckern?**

a) Wasser   b) Luft   c) Fett

55 **Für welche technische Errungenschaft stand der Ameisenbär Modell?**

a) für den Aufreißzahn eines Baggers

b) für die Angel

c) für die Greifzange

56 **Warum haben die Elefanten der heißen Savanne so große Ohren?**

a) weil sie damit besonders gut hören können

b) weil sie mit großen Ohren besser das Gleichgewicht halten können

c) weil sie über große Ohren mehr Wärme abgeben können als über kleine

57 **Welches Tier hat welche Tricks für ein Überleben in der Wüste entwickelt?**

Skorpion	wandert Hunderte von Kilometern weit
Pillendreher	schwitzt kaum
Trampeltier	sammelt tropfenweise Morgentau
Dornteufel	sammelt Tierkot als Nahrungsvorrat
Oryxantilope	fester Panzer

58 **Welchem Tier gehört dieses Auge?**
Kleiner Tipp: Es wechselt je nach Laune die Farbe, schleudert seine lange klebrige Zunge auf Insekten, hat Greifzangen als Füße und kann seine Augen unabhängig voneinander bewegen.

RANGEZOOMT!

59 **Rinder, Schafe und Ziegen sind Wiederkäuer. Was bedeutet das?**

60 **Vor der Erfindung des Autos hatten Städte große Probleme mit riesigen Mengen an Pferde-Äpfeln! Warum wohl?**

61 **Welches ist das größte fliegende Säugetier der Erde?**

62 **Zu welchen Tieren gehören die Fellzeichnungen?**

a)    b)    c)

63 Richtig oder falsch?

Mit zunehmendem Alter wird die Schwanzrassel der Klapperschlange immer länger.

Tropischer Regenwald

64 Ein Haushuhn legt rund 300 Eier jährlich. Wie viele Eier schafft das wilde Bankivahuhn im Jahr, von dem unser Haushuhn abstammt?

a) 2 b) 20 c) 200

65 Warum können Geckos kopfüber an der Zimmerdecke entlanglaufen?

a) Sie haben kleine Saugnäpfe auf der Unterseite ihrer Zehen.

b) Sie haben Milliarden hauchdünner Hautlamellen an ihren Zehen.

c) Sie sind sehr klein und besonders leicht.

66 Welcher Menschenaffe ist dem Menschen am ähnlichsten?

a) Gorilla

b) Orang-Utan

c) Schimpanse

67 Wie schützen sich die Tiere vor Fressfeinden?

Pfeilgiftfrosch	ahmt wackelnde Blätter nach
Faultier	ist extrem langsam
Gespenstschrecke	rennt blitzschnell durch das dichte Unterholz
Tapir	signalisiert mit leuchtenden Farben Giftigkeit

68 Welches Tier hat so lange Krallen?

Kleiner Tipp: Es ist unglaublich langsam, verbringt nahezu sein gesamtes Leben in den Baumkronen und kann seinen Kopf um 180 Grad drehen.

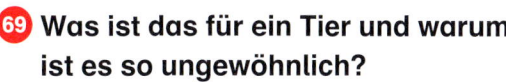

69 Was ist das für ein Tier und warum ist es so ungewöhnlich?

Es legt Eier, säugt seine Jungen mit rund 150 Milchdrüsen, hat ein wasserdichtes Fell, einen Entenschnabel und einen Paddelschwanz.

70 Welche Fellzeichnung gehört zu welchem Tier?

a) 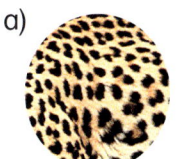 b)  c)

Weißt du alle Antworten? Wenn nicht, dann lies einfach noch mal im Text nach. Die einzelnen Tiere findest du über das Register. Oder schau dir die Lösungen auf Seite 140 an.

Lösungen

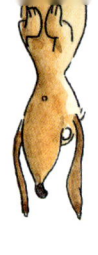

Na, hast du alles gewusst?

1. c
2. a
3. b
4. b
5. Specht: klopft; Reh: fiept; Wolf: heult; Wildschwein: wühlt
6. Baummarder, Waschbär, Waldkauz, Waldohreule, Wildkatze, Fuchs, Dachs, Luchs

W	A	L	D	K	A	U	Z	Q	M	B
D	A	W	L	F	D	S	E	D	X	A
R	F	L	U	C	H	S	W	F	H	U
T	V	J	D	A	C	H	S	E	K	M
L	B	H	T	O	K	W	D	H	S	M
W	W	A	S	C	H	B	A	E	R	A
I	A	D	S	L	U	R	B	J	U	R
O	F	U	C	H	S	B	E	K	U	D
P	K	B	V	F	R	X	H	U	K	E
S	R	K	W	J	K	U	O	R	L	R
W	I	L	D	K	A	T	Z	E	P	E

7. b
8. c
9. Waldohreule
10. b
11. a
12. c
13. b
14. b
15. Maulwurf
16. b
17. Mäusebussard – Maulwurf – Spinne – Große Schwebfliege
18. Die Pflanzen wollen die Bienen anlocken, damit ihre Blütenpollen weitergetragen werden und andere Blüten befruchten. Nur so kann sich die Pflanze vermehren. Bevor es Honigbienen gab, waren die Blütenpflanzen übrigens weder bunt noch haben sie geduftet.
19. c
20. Sie drehen sich auf den Rücken, lassen die Zunge heraushängen und stellen sich tot.
21. b
22. a

23. a
24. b
25. Richtig!
26. b
27. a
28. b
29. c
30. a
31. b
32. Andenkondor
33. Kreuzotter
34. b
35. b
36. a
37. b
38. b
39. a
40. a, b und c
41. c
42. Qualle
43. Orka – Robbe – Tintenfisch – Krill – Algen (pflanzliches Plankton)
44. Tintenfisch
45. c
46. b
47. a
48. c
49. b
50. b
51. Eisbär, Narwal, Robbe, Walross, Orka, Beluga, Seeleopard, Rentier, Moschusochse, Vielfraß

S	X	C	W	B	L	R	U	J	Z	O	Q
I	E	I	S	B	A	E	R	A	S	R	P
V	I	E	L	F	R	A	S	S	U	K	U
R	U	I	L	W	B	E	L	U	G	A	Z
Q	V	B	E	E	R	G	O	A	E	N	R
S	W	A	L	R	O	S	S	K	L	J	U
W	X	V	B	I	Q	P	M	N	D	F	R
V	S	D	N	A	R	W	A	L	W	R	O
U	F	R	E	N	T	I	E	R	J	H	B
I	E	A	G	H	E	L	K	R	D	K	B
M	O	S	C	H	U	S	O	C	H	S	E

52. c
53. b
54. c

55. a
56. c
57. Skorpion: fester Panzer; Pillendreher: sammelt Tierkot als Nahrungsvorrat; Trampeltier: schwitzt kaum; Dornteufel: sammelt tropfenweise Morgentau; Oryxantilope: wandert Hunderte von Kilometern weit
58. Chamäleon
59. Sie würgen ihre Nahrung immer wieder hoch und kauen sie mehrfach. Dadurch wird das nährstoffarme Gras bestmöglich verwertet.
60. Das Pferd war damals das Fortbewegungsmittel Nummer eins. Und viele Pferde bedeuten eine Menge Pferde-Äpfel.
61. Flughund
62. a: Giraffe; b: Zebra; c: Gepard
63. Richtig!
64. b
65. b
66. c
67. Pfeilgiftfrosch: signalisiert mit leuchtenden Farben Giftigkeit; Faultier: ist extrem langsam; Gespenstschrecke: ahmt wackelnde Blätter nach; Tapir: rennt blitzschnell durch das dichte Unterholz
68. Faultier
69. Das Schnabeltier! Es zählt zu den wenigen Eier legenden Säugetieren.
70. a: Leopard; b: Tiger; c: Jaguar

Tipps für Eltern, Lehrerinnen und Lehrer

Liebe Eltern,
liebe Lehrerinnen und Lehrer,

die Welt der Tiere zählt seit jeher zu den großen Lieblingsthemen der Kinder. Vielleicht weil es im Tierreich die spannendsten Rekorde gibt, weil Tiere wahre Überlebenskünstler sind oder weil sie uns die Vielfalt des Lebens vor Augen führen …
Kinder erfahren in diesem Buch jede Menge über die Tiere in ihrer natürlichen Umgebung. Jedes der insgesamt acht Kapitel behandelt einen Lebensraum mit seinen typischen Bewohnern, wobei auf einer Doppelseite Tiere mit bestimmten Gemeinsamkeiten zusammengefasst sind. So verstehen die Kinder, wer mit wem konkurriert, wer am Tag und wer nachts aktiv wird, welches Tier der Jäger und welches der Gejagte ist.
Die ersten Kapitel widmen sich den „nahen", heimischen Lebensräumen und stellen Tiere vor, die Kinder in unseren Wäldern, auf der Wiese oder am Flussufer selbst beobachten können. Schrittweise führt das Buch hin zu den „fernen", abgelegenen oder exotischen Lebensräumen – zu den Polargebieten und in die tropischen Regenwälder.
„Grundschulwissen Tiere" vermittelt aber nicht nur schulrelevantes Grundwissen zu den wichtigsten Tierarten, sondern will auch Kernkompetenzen entwickeln: ein Bewusstsein für die Natur herstellen, für die Aufgaben, die jedes einzelne Lebewesen in seinem Lebensraum erfüllt, sowie für die Sensibilität des Gleichgewichts in der Natur, das durch den Menschen immer wieder gestört wird und für dessen Erhaltung jeder etwas tun kann.

Die orangefarbenen **Schon gewusst?**-Kästen wecken mit außergewöhnlichem Wissen die kindliche Neugier, die blauen **Deine Forscheraufgabe**-Kästen regen durch Experimente, Tipps sowie durch das Aufzeigen unerwarteter Zusammenhänge dazu an, selbst aktiv zu werden oder weiter zu recherchieren. Die grünen **Haustiere**-Kästen stellen einen direkten Bezug zwischen dem gezähmten Tier und seiner Wildform her. Die Kinder lernen den geschichtlichen Aspekt der Domestizierung kennen sowie den wirtschaftlichen Nutzen der Haustiere früher und heute.
Im Anhang sind wichtige Themen wie Natur- und Artenschutz noch einmal kompakt aufbereitet. Eine Übersicht vermittelt anschaulich und kindgerecht die systematische Einteilung des Tierreichs. Die beiden großen Gruppen der Wirbeltiere und der Wirbellosen werden systematisch dargestellt und die im Buch vorgestellten Tiere entsprechend zugeordnet. So erfassen die Kinder Unterschiede und Gemeinsamkeiten auf einen Blick.
Zu jedem Lebensraum gibt es abschließend Rätsel und Quizfragen in unterschiedlichen Schwierigkeitsstufen, um das im Lexikon gelernte Expertenwissen zu testen – oder einfach um mit tierisch viel Spaß zu knobeln!

Die Kinder- und Jugendbuchredaktion
des Dudenverlags

Register

Bildquellenverzeichnis

Australian Tourist Commission, ATC, Frankfurt am Main 96

Bibliographisches Institut, Mannheim 13, 21, 24 f., 28–31, 33–39, 41, 45, 48, 51 f., 54, 57, 59, 63, 67 f., 70, 89, 91 f., 97, 99, 102, 104, 108, 111, 113, 115, 122, 126, 128, 130 f., 133 f., 139

Bibliographisches Institut, Mannheim/Archiv Waldmann 128

Bibliographisches Institut, Mannheim/Bild und Wort, Literatur- und Medienagentur, Hans-Joachim Rech 22, 27

Bibliographisches Institut, Mannheim/ Markus Thirion, Saarbrücken 75

blickwinkel, Witten 69, 128

© CORBIS/Royalty-Free 16, 38, 53, 73, 76, 82 f., 85, 93, 101, 137

CORBIS/Denis Scott 80

Digital Vision, New York 110

Floramedia 10, 29, 53, 128

© airmaria – Fotolia.com 71

© arnowssr – Fotolia.com 94, 138

© Fabrice BEAUCHENE – Fotolia.com 89

© Thomas Bedenk – Fotolia.com 128

© Bergringfoto – Fotolia.com 9, 15

© BernardBreton – Fotolia.com 137

© Michael BICHE – Fotolia.com 14

© BildPix.de – Fotolia.com 27

© c – Fotolia.com 63

© Brenda Carson – Fotolia.com 105, 138

© Dusty Cline – Fotolia.com 128

© crisod – Fotolia.com 45

© danimages – Fotolia.com 8

© Philippe Devanne – Fotolia.com 98

© DirkR – Fotolia.com 56

© DM7 – Fotolia.com 126

© Dreadlock – Fotolia.com 98

© dule964 – Fotolia.com 125

© Otto Durst – Fotolia.com 54

© epantha – Fotolia.com 25

© Klaus Eppele – Fotolia.com 123

© Andrzej Estko – Fotolia.com 90

© Luiz Gustavo Conte Fadel – Fotolia.com 126

© fafoutis – Fotolia.com 129

© flugzeugfan – Fotolia.com 121

© focus finder – Fotolia.com 47

© FOTOLOO – Fotolia.com 50

© Oliver Froh – Fotolia.com 103

© gaelj – Fotolia.com 117

© David Granville – Fotolia.com 74

© Randy Harris – Fotolia.com 58

© Friedrich Hartl – Fotolia.com 17, 20, 42

© K.-U. Häßler – Fotolia.com 111

© hotshotsworldwide – Fotolia.com 114, 138

© igoraul – Fotolia.com 79

© iofoto – Fotolia.com 109

© Eric Isselée – Fotolia.com 12, 18, 20, 30, 60–62, 90, 95, 97, 103, 107, 119, 124, 126 f., 139

© javarman – Fotolia.com 126

© Kado – Fotolia.com 66

© Hennie Kissling – Fotolia.com 65

© Xaver Klaußner – Fotolia.com 51

© klikk – Fotolia.com 87

© Petra Kohlstädt – Fotolia.com 20, 65

© Julius Kramer – Fotolia.com 54

© Wolfgang Kruck – Fotolia.com 91

© Joachim Krumm – Fotolia.com 93

© ktsdesign – Fotolia.com 112

© marina kuchenbecker – Fotolia.com 49

© Harald Lange – Fotolia.com 21, 127

© Rolf Langohr – Fotolia.com 92

© LDiza – Fotolia.com 55

© Daniel Lewis – Fotolia.com 67

© Antje Lindert-Rottke – Fotolia.com 39

© Lux – Fotolia.com 87

© Bruce MacQueen – Fotolia.com 11

© Günter Manaus – Fotolia.com 22

© Marcin Osadzin – Fotolia.com 52

© Dave Massey – Fotolia.com 23

© O.K. – Fotolia.com 85

© outdoorsman – Fotolia.com 83, 86

© ozgur – Fotolia.com 73, 136

© Uros Petrovic – Fotolia.com 10, 41, 128

© photobar – Fotolia.com 100

© Photo Passion – Fotolia.com 33

© The physicist – Fotolia.com 133

© Frédéric Prochasson – Fotolia.com 118

© Shuva Rahim – Fotolia.com 75

© didier salou – Fotolia.com 26

© Martin Schmid – Fotolia.com 127

© Carola Schubbel – Fotolia.com 13

© Werner Schwehm – Fotolia.com 88

© Yury Shirokov – Fotolia.com 109

© Sly – Fotolia.com 32, 126

© staphy – Fotolia.com 82

© StarJumper – Fotolia.com 139

© Emilia Stasiak – Fotolia.com 126

© Carmen Steiner – Fotolia.com 30

© teamsca – Fotolia.com 78

© ThorstenSchmitt – Fotolia.com 124

© vlad valentina – Fotolia.com 113

© Martin Valigursky – Fotolia.com 130

© Jamie Wilson – Fotolia.com 129

© WONG SZE FEI – Fotolia.com 47

Dipl.-Biol. H. Göthel/Symbiosis, Hohnstorf (Elbe) 77, 79

© iStockphoto.com 36, 61, 95, 108, 127, 129, 135

Dr. V. Janicke, München 52, 82

Kessler-Medien, Saarbrücken 92

Dr. R. König, Preetz 8 f., 40, 44, 46, 69, 81, 94, 119, 122

MEV Verlag, Augsburg 8 f., 17, 21–23, 28, 31, 39, 43, 48 f., 51, 64 f., 72, 77, 84, 100, 111, 114, 116 f., 120 f., 125–128, 139

© Minden Pictures/Premium Stock, Düsseldorf 107

Ocean Photo, München 18, 71, 132

Photo Digital, München 64

picture-alliance/dpa, Frankfurt am Main 60, 135

picture-alliance/Bildarchiv Okapia, Frankfurt am Main 19, 62, 105, 116 f., 120, 136

Dr. H. Sauerbier, Lauchringen 49, 53, 55 f., 134

Dr. F. Sauer, Karlsfeld 106

shutterstock.com/Andrey Pavlov 124

shutterstock.com/areashot 72

shutterstock.com/Mircea Bezergheanu 17, 133

shutterstock.com/cellistka 127

shutterstock.com/Martin Fowler 31

shutterstock.com/grandboat 129

shutterstock.com/holbox 129

shutterstock.com/Eric Isselée 126

shutterstock.com/Olga Khoroshunova 64

shutterstock.com/Peter Kunasz 59

shutterstock.com/Doug Lemke 38

shutterstock.com/Janelle Lugge 126

shutterstock.com/ostill 97

shutterstock.com/Mike Price 86, 126

shutterstock.com/szefei 110

shutterstock.com/ultimathule 129

South African Tourism, Frankfurt am Main 99, 101, 139

wildlife 80

Dr. Waltraut Zimmermann, Köln 107

© Dr. Hermann Brehm – Zoonar 34